A PRESCRIÇÃO NA EXECUÇÃO TRABALHISTA

ARNOR SERAFIM JUNIOR
Mestre em Direito das Relações Sociais pela PUC-SP e Advogado em São Paulo.

A PRESCRIÇÃO NA EXECUÇÃO TRABALHISTA

LTr 70 anos 2006

Dados Internacionais de Catalogação na Publicação (CIP)
(Câmara Brasileira do Livro, SP, Brasil)

Serafim Junior, Arnor

A prescrição na execução trabalhista / Arnor Serafim Junior. — São Paulo : LTr, 2006.

Bibliografia.

ISBN 85-361-0852-5

1. Execução (Direito do trabalho) — Brasil 2. Prescrição (Direito) — Brasil I. Título.

06-4787 CDU-347.143:347.952:331(81)

Índice para catálogo sistemático:

1. Brasil : Prescrição na execução trabalhista : Processo trabalhista 347.143:347.952:331(81)

Produção Gráfica e Editoração Eletrônica: WTJ

Capa: FÁBIO GIGLIO

Impressão: HR GRÁFICA E EDITORA

(Cód. 3256.0)

EDITORA LTDA.

Rua Apa, 165 — CEP 01201-904 — Fone (11) 3826-2788 — Fax (11) 3826-9180

São Paulo, SP — Brasil — www.ltr.com.br

Outubro, 2006

DEDICATÓRIA

A meus pais, Arnor e Lourdes, com amor e gratidão.

AGRADECIMENTOS

Ao Professor Paulo Sérgio João, pela serenidade e sensibilidade na orientação do trabalho;

Aos Professores Willis Santiago Guerra Filho e André Ramos Tavares, pela luz;

À Adriana Rodrigues de Souza, pela ajuda inestimável.

SUMÁRIO

CAPÍTULO 3

CAPÍTULO 4

CAPÍTULO 5

CAPÍTULO 6

INTRODUÇÃO

A *prescrição* é instituto jurídico cuja aplicabilidade no campo do Direito do Trabalho encontra previsão em nosso Texto Constitucional. A possibilidade da verificação de sua ocorrência durante o transcurso do processo judicial trabalhista, especificamente no tocante à execução de seus julgados, é o objeto principal do presente trabalho.

A questão relativa ao fato de ser possível, ou não, a fluência do prazo prescricional após o ajuizamento da demanda, ou seja, enquanto se processam os diversos atos processuais, é tema a respeito do qual de há muito se controverte, havendo, inclusive, súmulas de jurisprudência do Supremo Tribunal Federal e do Tribunal Superior do Trabalho, dispondo em sentidos diametralmente opostos: uma admitindo, outra negando, a aplicabilidade perante a Justiça do Trabalho do que se convencionou denominar *prescrição intercorrente*.

O fato de tais súmulas terem sido editadas há vários anos, a par da perplexidade que provocam, apenas realça a discórdia que sempre lavrou entre os operadores do direito, no tocante à possibilidade de aplicação da prescrição, em sua modalidade *intercorrente*, ao processo trabalhista como um todo, e à sua execução, em especial.

Conforme se procurou evidenciar durante a exposição da matéria ao longo dos capítulos deste estudo, a compatibilização das posições aparentemente inconciliáveis acerca do tema proposto, somente será possível mediante a explicitação a qual *momento*, ou *fase* processual, e em que circunstâncias, eventualmente se tenha verificado o curso do prazo prescricional.

E isso porque cada uma dessas *fases*, em confronto com a *prescrição*, possui particularidades próprias, especialmente no campo do processo trabalhista, diante das inegáveis especificidades que o governam.

A partir da pesquisa e compilação das diversas posições doutrinárias e jurisprudenciais acerca do tema proposto, o presente trabalho procura demonstrar a possibilidade de ocorrência e decretação da *prescrição* durante a *execução judicial trabalhista*.

Para que se tornasse possível a imprescindível fundamentação jurídica de conclusão dessa natureza, foram feitas, em um primeiro momento, explanações gerais sobre conceitos básicos acerca das garantias atribuídas por nosso ordenamento jurídico ao *direito de ação*, bem como sobre sua respectiva veiculação e concretização através do *processo judicial*.

Na seqüência, o *processo de conhecimento* foi objeto de análise visando caracterizar e evidenciar a natureza jurídica própria do *direito tutelar do trabalho*, com ênfase particular às específicas conseqüências daí decorrentes, mormente em relação à base principiológica que o informa. A *execução trabalhista* também foi alvo de verificação, notadamente no que tange a seu *aparelhamento*; à especificidade da liquidação de sentença trabalhista e à incidência de princípios próprios.

O instituto jurídico da prescrição, com foco particular em sua conceituação e fundamentação, também foi apreciado de forma ampla e abrangente. As características específicas das quais se revestem o fenômeno da *interrupção da prescrição* foi objeto de detida análise, visando destacar, inclusive, seu aspecto fundamental para o desenvolvimento do tema aqui investigado.

Especificamente no tocante à verificação da prescrição durante a execução judicial, englobados os atos de acertamento do crédito e daqueles tendentes à expropriação de bens do devedor, o estudo foi centrado na precisa caracterização da *prescrição intercorrente*; na verificação das circunstâncias jurídicas vigorantes quando da edição das súmulas de jurisprudência que tratam do assunto, e, na delineação dos pontos específicos do conceito de *prescrição da pretensão executória*.

Também se fez necessária rápida abordagem sobre controvérsia atinente à existência, ou não, de *autonomia* da execução trabalhista em relação ao processo cognitivo, bem como específica avaliação em relação à fluência do prazo prescricional durante as diversas *fases* do processo executivo trabalhista e no curso da *execução*, propriamente dita.

Por fim, revelada e devidamente fundamentada a possibilidade de ocorrência da prescrição na execução trabalhista, independentemente da diretriz genérica em sentido contrário traçada por Enunciado do Tribunal Superior do Trabalho, foi feita menção aos meios e oportunidades da argüição respectiva, com enfoque aos *Embargos à Execução* e à *Exceção de Pré-Executividade*.

O estudo detalhado do instituto jurídico em questão, em relação a cada uma das *fases processuais*, autorizou a conclusão de que é possível a aplicação da *prescrição intercorrente* ao processo trabalhista, desde que se tenha em conta as diversas particularidades próprias de cada uma de suas fases, e se façam presentes determinadas circunstâncias, o que foi devidamente desenvolvido ao longo de todo o texto.

Essa conclusão, inobstante o direcionamento em sentido contrário de Súmula do Tribunal Superior do Trabalho, somente foi possível a partir da abstração do sentido genérico dessa súmula de jurisprudência, mediante a análise específica das diversas situações ocorrentes durante o desenrolar do processo judicial, uma vez que não se pode pretender apresentação de solução única para as diversas possibilidades de verificação da *prescrição intercorrente* durante o curso da lide trabalhista.

CAPÍTULO 1

CONSIDERAÇÕES PRELIMINARES

O específico objeto do presente estudo é *a perquirição acerca da possibilidade de ocorrência de 'prescrição' durante a execução judicial trabalhista e suas respectivas formas e oportunidades de argüição*, ou seja, intenta-se aferir o real alcance da norma contida no *art. 884, § 1º, da CLT — Consolidação das Leis do Trabalho*, segundo a qual, "Garantida a execução ou penhorados os bens, terá o executado cinco dias para apresentar embargos, cabendo igual prazo *ao* exeqüente para impugnação. *A matéria de defesa será restrita às alegações de* cumprimento da decisão ou do acordo, quitação ou *prescrição da dívida*".

Diante de tal delimitação do âmbito de investigação, impõe-se, de início, para melhor situar o tema e possibilitar sua exata compreensão, tecer algumas considerações, ainda que ligeiras, sobre o processo trabalhista e a execução de seus julgados, além, é claro, da perfeita identificação dos contornos do instituto jurídico da *prescrição*, sua abrangência e aplicação no específico campo do Direito do Trabalho.

Para tanto, neste primeiro capítulo, como forma de aproximação ao tema definido, serão apresentadas noções gerais pertinentes ao *processo judiciário trabalhista*, com suas correspondentes *garantias* previstas na *Constituição Federal*, acrescidas de rápida abordagem sobre as normas legais e principiológicas que regem este ramo próprio do direito.

1.1. Garantias Constitucionais do Direito de Ação

Atualmente, em regime de democracia plena, é intuitivo que qualquer lesão de qualquer tipo de direito, ou mesmo a simples ameaça de que tal venha a ocorrer, pode ser contraposta através do exercício de correspondente *direito de ação*, que o visa proteger e resguardar de turbação alheia, mediante invocação de atuação do *poder jurisdicional estatal.*

Os lineamentos básicos da efetiva garantia do *direito de ação* (e do correlato *direito de defesa*) são previstos em nossa vigente *Constituição Federal* já a partir de seu *art. 1º*, quando resta patenteado que o Brasil constitui-se em um *Estado Democrático de Direito,* que tem entre seus fundamentos a *cidadania* e a *dignidade da pessoa humana* (incisos II e III).

Nossa *Carta Política*, ademais, contempla expressamente *direitos e garantias fundamentais*, conforme previsão inserta em seu *art. 5º*, entre as quais, para os fins aqui buscados, se destaca: "ninguém será obrigado a fazer ou deixar de fazer alguma coisa senão em virtude de lei" (inciso II); "são a todos assegurados, independentemente do pagamento de taxas: o direito de petição aos poderes Públicos em defesa de direito ou contra ilegalidade ou abuso de poder" (inciso XXXIV, *a*); "a lei não prejudicará o direito adquirido, o ato jurídico perfeito e a coisa julgada" (inciso XXXVI), e, "ninguém será processado nem sentenciado senão pela autoridade competente" (inciso LIII).

Avulta ainda das *garantias fundamentais* do citado *art. 5º*, o *princípio do amplo acesso ao judiciário* (também conhecido como *princípio da inafastabilidade do controle jurisdicional*) já que "a lei não excluirá da apreciação do Poder Judiciário lesão ou ameaça a direito" (inciso XXXV)[1].

Da mesma forma, o *princípio do devido processo legal,* ou do *justo processo,* a chamada cláusula *due process of law*, visto que "ninguém será privado da liberdade ou de seus bens sem o devido processo legal" (inciso LIV)[2].

---

(1) "(...) Esse princípio é um dos pilares sobre o qual se ergue o Estado de Direito, pois de nada adiantariam leis regularmente votadas pelos representantes populares se, em sua aplicação, fossem elas desrespeitadas, sem que qualquer órgão estivesse legitimado a exercer o controle de sua observância. (...) Assim, dentro da idéia clássica de tripartição de funções estatais, incumbe ao Poder Judiciário o papel de se manifestar, como última instância, sobre as lesões ou ameaças de lesões a direito. *O princípio em questão significa que toda controvérsia sobre direito, incluindo a ameaça de lesão, não pode ser subtraída da apreciação do Poder Judiciário.* (...)" (TAVARES, André Ramos. *Curso de Direito Constitucional.* São Paulo: Saraiva, 2002, p. 478), sem grifos no original.

(2) "(...) O devido processo legal é a ferramenta imprescindível à manutenção dos direitos e garantias fundamentais. Trata-se de cláusula protetiva das liberdades públicas, contra o arbítrio das autoridades legislativas, judiciárias e administrativas. (...) No sentido proposto pelo constituinte brasileiro, o devido processo legal recebeu disciplina genérica, abarcando a tradicional tríade vida, liberdade, propriedade, com todas as projeções daí decorrentes, embora só fossem mencionadas, de maneira expressa, por este inciso LIV, a liberdade e a propriedade. (...)" (BULOS, Uadi Lammêgo. *Constituição Federal Anotada.* 4ª ed. São Paulo: Saraiva, 2002, p. 238).

E, por fim, o *princípio da ampla defesa,* que edita, "Aos litigantes, em processo judicial ou administrativo, e aos acusados em geral são assegurados o contraditório e ampla defesa, com os meios e recursos a ela inerentes" (inciso LV)(3).

Nesse contexto de *garantias constitucionais*, lembra o Professor *Amauri Mascaro Nascimento*(4) aquelas que são específicas do *processo trabalhista*, a saber: *a) jurisdição especial (art. 111),* com a *subsidiariedade* dos órgãos da *justiça comum* nas localidades onde não houver jurisdição específica *(art. 112); b) o* direito à criação jurisdicional de normas e condições de trabalho nos dissídios coletivos *(art. 114, § 2º),* e, *c)* a garantia sindical da legitimação para defesa processual dos direitos e interesses dos trabalhadores *(art. 8º).*

Aqui, assoma oportuno registrar que essas *garantias fundamentais* foram mantidas incólumes pela recente *Emenda Constitucional n. 45, de 8 de dezembro de 2004,* a "Reforma do Poder Judiciário", embora os textos de tais dispositivos tenham sofrido alterações topológicas e de redação(5), que, no entanto, não lhes modificaram a substância.

Essa, portanto, a matriz constitucional que norteia, como um todo, o *processo judiciário,* em sua função de atuar como instrumento de realização do *direito de ação,* o qual se caracteriza pela possibilidade de impulsionar os órgãos jurisdicionais estatais a fim de obter um pro-

---

(3) "(...) Por ampla defesa entende-se o asseguramento que é dado ao réu de condições que lhe possibilitem trazer para o processo todos os elementos tendentes a esclarecer a verdade ou mesmo de omitir-se ou calar-se, se entender necessário, enquanto o contraditório é a própria exteriorização da ampla defesa, impondo a condução dialética do processo (*par conditio*), pois a todo ato produzido pela acusação, caberá igual direito da defesa de opor-se-lhe ou de dar-lhe a versão que melhor lhe apresente, ou, ainda, de fornecer uma interpretação jurídica diversa daquela feita pelo autor. (...)" (MORAES, Alexandre de. *In Direito Constitucional.* 12ª ed. São Paulo: Atlas, 2002, p. 124.

(4) NASCIMENTO, Amauri Mascaro. *Curso de Direito Processual do Trabalho.* 20ª ed. São Paulo: Saraiva, 2001, p. 242.

(5) A *Emenda Constitucional n. 45/2004*, revogou os §§ 1º, 2º e 3º, do art. 111 da CF, agrupando as matérias ali tratadas, com alterações, no art. 111-A, ao qual foi acrescentado um parágrafo com o seguinte teor: "A lei disporá sobre a competência do Tribunal Superior do Trabalho, *inclusive sobre a reclamação para preservação de sua competência e garantia da autoridade de suas decisões" (CF, 111-A, § 1º).* O art. 112 CF, passou a vigorar com a seguinte redação: "A lei criará varas da Justiça do Trabalho, podendo, nas comarcas não abrangidas por sua jurisdição, atribuí-la aos juízes de direito, com recurso para o respectivo Tribunal Regional do Trabalho". E o *§ 2º do art. 114 CF* assim ficou redigido: "Recusando-se qualquer das partes à negociação coletiva ou à arbitragem, é facultado às mesmas, de comum acordo, ajuizar dissídio coletivo de natureza econômica, *podendo a Justiça do Trabalho decidir o conflito, respeitadas as disposições mínimas legais de proteção ao trabalho, bem como as convencionadas anteriormente*".

nunciamento que, de maneira definitiva, solucione a *lide* que resulta de um *conflito de interesses,* qualificado por uma *pretensão resistida*[6], dizendo, com soberania e para o caso concreto, *com quem está o direito.*

1.2. Processo de Conhecimento

O ordenamento jurídico é composto e sistematizado mediante *atividade legislativa do Estado,* através da qual são estabelecidas, por hipótese e preventivamente, as normas jurídicas que incidirão sobre as situações e relações que poderão surgir entre os homens no seu convívio em sociedade.

Essa "ordem jurídica" que então se forma, regula os *direitos* que poderão ser brandidos e os *deveres* cujo acatamento é imposto. Um arcabouço legal dessa natureza visa preservar a paz social e o bem comum, condicionando a atuação dos sujeitos sociais e fixando, de pronto, as conseqüências por sua eventual inobservância, na expectativa de que a regulação do *modo de convivência* possa redundar em maior harmonia, que seria resultante do respeito recíproco das esferas jurídicas individuais.

A simples previsão dos *direitos* pelo sistema legal, contudo, não se apresenta de modo suficiente para que eles sejam exercidos de forma plena e satisfatória, sendo extremamente comum a existência de situações em que eventuais controvérsias em relação à vigência, extensão, titularidade, etc, de determinado *direito,* não são espontaneamente superadas pelos envolvidos.

Tais controvérsias, no mais das vezes, acabam desaguando em descumprimento de normas jurídicas em vigor, ou mesmo em sua observância incompleta ou defeituosa, gerando litígios e conseqüente invocação da *tutela jurisdicional estatal,* para solução da pendência.

---

(6) Como ensina *Christovão Piragibe Tostes Malta,* "(...) O entendimento atualmente preponderante (teoria eclética da ação) entre os processualistas considera a ação como um direito subjetivo público e abstrato mediante cujo exercício uma pessoa (autor, reclamante) pretende a solução, em seu favor, de um conflito de interesses com outra pessoa (réu, reclamado). (...) A ação é um direito subjetivo porque traduz uma faculdade de agir (*facultas agendi*), em conexão com o direito objetivo, regra de conduta (*norma agendi*). (...) é um direito público por ter seu exercício regido pelo direito processual, considerado como ramo do direito público. É um direito abstrato no sentido de que pode ser exercido mesmo não fazendo o autor jus ao atendimento do que pretende. (...)". (*in Prática do Processo Trabalhista.* 32ª ed. São Paulo: LTr, p. 53).

A intervenção estatal, através do exercício da *função jurisdicional*, é então efetivada com o objetivo de impor, de forma cogente, o respeito à ordem legal estabelecida, dirimindo a controvérsia existente. A garantia de que tal assim ocorra é obtida através da fixação da *jurisdição*[7] e da consagração constitucional do *direito de ação*, que tem por objetivos fazer valer e garantir a efetividade do ordenamento jurídico em vigor.

Claro está que, tanto a imposição do cumprimento da lei, como seu respectivo controle, não podem ser feitos *livremente* ou de maneira *discricionária*, havendo a necessidade, não só da implementação de um *método* ou *sistema*, previamente definido e explicitado para que todos dele tenham conhecimento de antemão, mas também a disponibilização de meios e instrumentos que possibilitem essa indispensável observância e estrito cumprimento.

Esse *método* para solução desses conflitos se compõe de 'atos procedimentais' que, considerados em seu conjunto, formam o 'processo judicial' ("de conhecimento, ou cognitivo", na hipótese ora considerada, em que se atua visando dirimir a controvérsia e fixar exatamente *quem é o titular do direito* que está sendo invocado), no qual são previstos e disciplinados os *meios* tendentes a propiciar, tanto a formulação da *pretensão* perante o órgão judicial, como o correspondente *direito de defesa* daquele em cujo desfavor a pretensão foi veiculada.

O 'processo de conhecimento' é o meio legal engendrado por nosso sistema jurídico para, através da prática concatenada de determinados atos adredemente previstos na legislação processual, possibilitar aos *litigantes*, não só a dedução de suas respectivas pretensões, mas também a oportunidade de produzirem as *provas* necessárias e pertinentes, tendentes a alicerçar o livre convencimento motivado do Magistrado que, materializado em decisão de mérito, resolve o conflito de interesses e possui aptidão para se transformar em "coisa julgada", uma vez verificado o respectivo "trânsito em julgado".

Conforme elucida *Humberto Theodoro Junior*[8],

"(...) entre o pedido da parte e o provimento jurisdicional se impõe a prática de uma série de atos que formam o procedimento judi-

---

(7) "(...) poder que toca ao Estado, entre as suas atividades soberanas, de formular e fazer atuar praticamente a regra jurídica concreta que, por força do direito vigente, disciplina determinada situação jurídica. (...)" (cf. THEODORO JUNIOR, Humberto. *Curso de Direito Processual Civil.* 37ª ed. vol. I, Rio de Janeiro: Forense, 2001, p. 30).
(8) THEODORO JUNIOR, Humberto. *Op. cit.*, p. 39.

cial (isto é, a forma de agir em juízo), e cujo conteúdo sistemático é o processo. Esse método, porém, não se resume apenas na materialidade da seqüência de atos praticados em juízo; importa, também e principalmente, no estabelecimento de uma *relação jurídica de direito público geradora de direitos e obrigações entre o juiz e as partes, cujo objetivo é obter a declaração ou a atuação da vontade concreta da lei, de maneira a vincular, a esse provimento, em caráter definitivo, todos os sujeitos da relação processual* (... sem grifos no original)".

Ensina ainda o referido mestre[(9)] que, a partir do momento em que o Estado avocou para si a *tutela jurídica dos direitos subjetivos privados,* obrigou-se, em contrapartida, a prestá-la sempre que esta for regularmente invocada, estabelecendo em favor do interessado, nessa trilha e em conseqüência, a faculdade de poder acioná-la sempre que se julgar lesado ou ameaçado em seus direitos. Trata-se do *direito subjetivo de ação*, oponível ao *Estado-juiz,* que consiste em um verdadeiro *direito à jurisdição* e que se traduz em um *poder jurídico* de invocar a atuação da função jurisdicional específica.

A partir dessas lições é possível concluir que o *direito de ação,* desencadeado a partir da instauração do *processo de conhecimento,* não é exercido apenas pelo autor, mas também pelo réu, ao se opor à pretensão veiculada em seu desfavor, postulando do Estado um provimento contrário ao buscado pelo autor.

É por tais razões que se diz que o *direito de ação* é *abstrato* e *autônomo,* ou seja, não se confunde com o *direito material* cuja concretização se busca em juízo. Ou seja, em outras palavras, se aquele que movimentou a máquina judiciária, ao final, não tem reconhecido em seu favor o *direito substancial* que postulou, tal não implica dizer que não lhe foi assegurado o *direito de ação*, uma vez que obteve provimento jurisdicional que traduz a definição estatal da vontade da lei para aquele caso concreto, afigurando-se hialina a distinção e autonomia existentes entre o *direito de ação* e o *direito material* controvertido.

O mesmo ocorre naquelas hipóteses em que se verifica a *extinção do processo sem julgamento do mérito* (CPC, 267)[(10)], já que o *direito de ação* foi preservado, inclusive em face de sua dimensão *autônoma* e *abstrata*, ocorrendo apenas que a decisão de mérito não

(9) THEODORO JUNIOR, Humberto. *Op. cit.*, pp. 45/46.

(10) Em face dos termos do art. 1º da Lei n. 11.232, de 22 de dezembro de 2005, o art. 267 do CPC passou a ter a seguinte redação: "extingue-se o processo, sem resolução de mérito".

foi alcançada pela falta de preenchimento de *pressupostos processuais* formalmente elencados na lei civil adjetiva.

De tudo o que até aqui se expôs pode-se estabelecer que o nódulo central do *processo de conhecimento* situa-se em sua aptidão de provocar o exercício da função jurisdicional do Estado para que este diga, como juiz e mediante sentença de mérito, *com quem está o direito* (11). Ou seja, *o objeto principal do processo de cognição é um provimento que aprecie o mérito da ação.*

Não é por outra razão que comumente se diz que, no processo de conhecimento existe uma "crise de certeza"(12), no que tange à definição da titularidade do direito invocado no processo, ou seja, a *res in judicio deducta.*

1.2.1. O Direito Tutelar do Trabalho

Conforme se procurou destacar no tópico anterior, *a todo direito corresponde uma ação que o assegura.* Essa consagração do direito de ação adquire relevância palmar na seara trabalhista, pois, como é sabido por todos que o operam, o *direito material do trabalho* visa à proteção do trabalhador que, em termos econômicos, é o *elo mais fraco da corrente* na relação com o detentor do capital, o empregador.

E assim se dá porque o trabalhador, nessa perspectiva, é incapaz de estabelecer ou manter um ajuste de prestação laboral em igualdade de condições com o empreendedor, já que a permanência de seu contrato de trabalho, no mais das vezes, representa verdadeira garantia de sua sobrevivência, a qual é sempre dependente do fruto de seu labor.

---

(11) Cf. TEIXEIRA FILHO, Manoel Antonio *Liquidação da Sentença no Processo do Trabalho.* 5ª ed. São Paulo: LTr, 1996, pp. 26/27.

(12) "(...) Uma afirmação que costumo fazer e que valerá para as duas exposições, é a de que as pessoas só se socorrem do Poder Judiciário quando se defrontam com crises. É perfeitamente possível passar toda uma vida sem participar de um processo, visto que normalmente tais crises são resolvidas com a utilização de instrumentos previstos no direito material, isto é, instrumentos extrajudiciais tendentes à composição ou prevenção de conflitos. Quando tais crises não podem ser debeladas através de outro meio que não a jurisdição, daí, então, só resta ao interessado valer-se da jurisdição estatal. E quais seriam essas crises? Basicamente duas : a crise de certeza e a crise de adimplemento. (...) Há crises, todavia, que se referem à existência ou não do próprio direito, ou a uma determinada situação jurídica, ou ainda à autenticidade ou falsidade de um documento. Tem-se, aí, uma crise de certeza. (...)" (MARCATO, Antonio Carlos. "Ação Monitória e Antecipação de Tutela". *In Tendências do Direito Material e Processual do Trabalho.* São Paulo: LTr, 2000, Escola da Magistratura — Justiça do Trabalho da 2ª Região. Coord. Yone Frediani, pp. 49/50.

Tais particularidades, que orientam o *direito material do trabalho,* deverão ser levadas em conta, mediante observância estrita, durante o processamento das ações trabalhistas, especialmente em sua etapa cognitiva, onde essa disparidade caracterizadora da *hipossuficiência econômica* do trabalhador aflora com visualização mais evidente (inclusive, como adiante se verá, face a possibilidade de *reclamação pessoal perante* o juízo, sem a participação de advogado, através do exercício do *jus postulandi*).

Essa *proteção jurídica* é outorgada através da intervenção estatal, mediante a edição de normas *imperativas* que são insuscetíveis de *transação* ou *renúncia,* a não ser nos específicos casos e condições que elas próprias estabelecem de maneira expressa e irrelevável.

Embora sejam *privados* os interesses, a proteção se dá dentro da *ordem pública* com o objetivo de *equilibrar* a relação jurídica, ou evitar choques que possam ocorrer no meio social entre o capital e o trabalho, no sentido de que o trabalhador não tenha que se submeter às imposições de quem tem nas mãos os meios e instrumentos da produção.

Como esclarece *Ísis de Almeida*[(13)], "(...) É uma tutela do trabalhador que deve ser entendida não como um paternalismo indiscriminado, mas como o conjunto das regras de um jogo. (...)".

A esse respeito, o magistério de *Mauricio Godinho Delgado*[(14)] é preciso,

> "(...) Todo Direito é, por isso, teleológico, finalístico, na proporção em *que incorpora e realiza um conjunto de valores socialmente considerados relevantes.* O Direito do Trabalho não escapa a essa configuração a que se submete todo fenômeno jurídico. Na verdade, o ramo juslaboral destaca-se exatamente por levar a certo clímax esse caráter teleológico que caracteriza o fenômeno do Direito.
>
> De fato, *o ramo justrabalhista incorpora, no conjunto de seus princípios, regras e institutos, um valor finalístico essencial, que marca a direção de todo o sistema jurídico que compõe. Este valor* — e a conseqüente direção teleológica imprimida a este ramo jurídico especializado — *consiste na melhoria das condições de pactuação da força de trabalho na ordem socioeconômica.*

---

(13) *Manual de Direito Individual do Trabalho.* São Paulo: LTr, 1998, p. 10.

(14) *Curso de Direito do Trabalho.* 4ª ed. São Paulo: LTr, 2005, p. 58.

Sem tal valor e direção finalística, o Direito do Trabalho sequer se compreenderia, historicamente, e sequer justificar-se-ia, socialmente, deixando, pois, de cumprir sua função principal na sociedade contemporânea. (... sem grifos no original)".

Claro está que a *função tutelar* do Direito do Trabalho foi definida, pelo sistema valorativo que o informa, como a fundamental (confundindo-se, inclusive, com sua própria razão de ser e existir) para a consecução do objetivo de *proteção ao trabalhador*, parte economicamente mais fraca na dialética com o *poder econômico*(15).

A *tutela do trabalhador* se concretiza através de leis ditadas pelo Estado e mediante a atuação *representativa* e *assistencial* dos Sindicatos Classistas. Deve ocorrer, no entanto, em completa sintonia com o já citado *'princípio da legalidade'* (CF, 5º, II), uma vez que essa *proteção* não prescinde da observância estrita da lei, incidência que não se afasta nem sob o argumento de que se busca *o equilíbrio* de relações desiguais.

A intervenção estatal na ordem jurídica, *protetiva do trabalhador*, pode ser verificada nos diversos textos legais que regulam nosso Direito do Trabalho, bastando, para os estreitos limites aqui impostos, rápida menção a alguns dispositivos constantes da *CLT*, que, na linha até aqui exposta, preconizam:

> *Art. 8º:* "As autoridades administrativas e a Justiça do Trabalho, na falta de disposições legais ou contratuais, decidirão, conforme o caso, pela jurisprudência, por analogia, por equidade e outros princípios e normas gerais de direito, principalmente do direito do trabalho, e, ainda, de acordo com os usos e costumes, o direito comparado, mas sempre de maneira que nenhum interesse de classe ou particular prevaleça sobre o interesse público".
>
> *Art. 9º:* "Serão nulos de pleno direito os atos praticados com o objetivo de desvirtuar, impedir ou fraudar a aplicação dos preceitos contidos na presente Consolidação".
>
> *Art. 10:* "Qualquer alteração na estrutura jurídica da empresa não afetará os direitos adquiridos por seus empregados" (e,"a mudança na propriedade ou na estrutura jurídica da empresa não afetará os contratos de trabalho dos respectivos empregados" — art. 448).

---

(15) Cf. BARRETO, Marco Aurélio Aguiar. "Prescrição Intercorrente no Processo do Trabalho — Considerações sobre a Aplicabilidade — Enunciado n. 114/TST". *Revista Síntese Trabalhista — Administrativa e Previdenciária,* ano XV, n. 174, dezembro de 2003 — Doutrina, Porto Alegre: Síntese.

Art. 468: "Nos contratos individuais de trabalho só é lícita a alteração das respectivas condições por mútuo consentimento, e, ainda assim, desde que não resultem, direta ou indiretamente, prejuízos ao empregado, sob pena de nulidade da cláusula infringente desta garantia".

A propósito do objetivado nessa linha de exposição, faça-se alusão ao que a doutrina denomina *constitucionalização dos direitos dos trabalhadores*[16], que se refere à inserção dos *direitos trabalhistas* nos textos constitucionais, para que se lhes realce a significância outorgada pelo sistema valorativo vigente, além de, evidentemente, dificultar-lhes a alteração no que tange ao processo legislativo específico. Esse *movimento de constitucionalização* ganhou proeminência, extensão e intensidade a partir da Constituição do México (1917), da ex-União Soviética (1918) e da Alemanha de Weimar (1919).

A tal respeito, *Uadi Lammêgo Bulos*[17] esclarece que, no Brasil, os direitos trabalhistas, embora de forma tímida, sempre foram acolhidos, ora mais, ora menos, pelos textos constitucionais que vigoraram no período republicano, salientando que a Carta de 1937, outorgada pelo então ditador *Getúlio Vargas*, representou um inequívoco *retrocesso* posto que, além de tolher o papel desempenhado pelos sindicatos (que perderam a autonomia e passaram a atuar mediante *delegação* do Poder Público — art. 138), ainda afastou a Justiça do Trabalho do Poder Judiciário (art. 139) e estigmatizou o direito de greve e o *lock out* (art. 139, última parte).

---

(16) Oportuna, aqui, a distinção feita por *Amauri Mascaro Nascimento*, no sentido de que, " (...) A análise dos modelos constitucionais mostra que são três as ordens de valorações que se desenvolvem no plano das Constituições: a do trabalho, a dos direitos sociais e a dos direitos trabalhistas. Não se confundem, conquanto apresentem relações pela proximidade em que se situam, daí por que há disposições constitucionais sobre uma, algumas ou essas três importantes ordens constitucionais. Direitos sociais abrangem um universo mais amplo bem evidenciado, em nosso ordenamento jurídico, pelo disposto na Constituição Federal, art. 6º, segundo o qual são direitos sociais á educação, a saúde, o trabalho, a moradia, o lazer, a segurança, a previdência social, a proteção à maternidade e à infância, a assistência aos desamparados, enquanto nossas observações restringir-se-ão a um dos direitos sociais, o direito do trabalho e sua inclusão em nossas Constituições. Porém, algumas, embora breves, referências, devem ser feitas, tendo em vista a direta conexão, sobre o trabalho nas Constituições e não apenas sobre os direitos trabalhistas. (...)" ("Os Direitos Sociais nas Constituições Brasileiras". *In Constitucionalismo Social — Estudos em Homenagem ao Ministro Marco Aurélio Mendes de Farias Mello.* Escola da Magistratura do TRT — 2ª Região, PELLEGRINA, Maria Aparecida, Diretora, e, SILVA, Jane Granzoto Torres da. Coord. São Paulo: LTr, 2003, p. 39.

(17) *Constituição Federal Anotada*, cit., pp. 369/370.

Nossa vigente Constituição Federal, prossegue referido autor[18],

"(...) inovou em diversos pontos, desafiando a díade efetividade *versus* aplicabilidade. Como se verá, nas anotações seguintes, a técnica de normatização dos direitos dos trabalhadores alicerçou-se em perspectiva moderna e visão ambiciosa. Tanto foi assim que os incisos I, IV, X, XI, XIII, XIV, XVI, XVII, XVIII, XIX, XXI, XXII e XXIII, do art. 7º, representam lídimos avanços. Restam, em última análise, serem cumpridos. (...)".

1.2.1.1. Princípios Específicos do Direito do Trabalho

O atrás aludido dístico *protetivo,* que caracteriza a legislação trabalhista, também firma residência em específicos *princípios* aplicáveis na exegese e solução das contendas surgidas entre os partícipes de uma relação laboral.

Princípios jurídicos, como se sabe, "são proposições gerais informadoras da noção, estrutura e dinâmica essenciais do direito, ao passo que os princípios especiais de determinado ramo do direito são proposições gerais informadoras da noção, estrutura e dinâmica essencial de certo ramo jurídico"[19].

Sua função mais clássica e recorrente é a de *auxiliar na interpretação jurídica*, circunstância na qual são denominados *princípios descritivos ou informativos (ou interpretativos).*

Podem os *princípios* também atuar como *fontes formais supletivas*, situação que se verifica na falta de outras regras jurídicas utilizáveis pelo aplicador do direito diante de um caso concreto específico[20], e na qual são denominados *princípios normativos supletivos*, com incidência nos casos de *lacunas* do ordenamento jurídico.

Como ensina *Mauricio Godinho Delgado*[21],

"(...) Estas eram as duas funções que a doutrina tradicionalmente reconhecia aos princípios, até meados do século XX, ainda sob o império do positivismo jurídico: a função informativa (ou interpretativa) e a função normativa subsidiária.

---

(18) BULOS, Uadi Lammêgo. *In Constituição ...,* cit., p. 371.

(19) DELGADO, Mauricio Godinho. *Princípios de Direito Individual e Coletivo do Trabalho.* São Paulo: LTr, 2001, p. 16.

(20) Aflora pertinente a menção à expressa permissão contida no *art. 8º da CLT*, quanto à utilização dos *princípios* como fundamento decisório, à falta de disposições legais específicas.

(21) DELGADO, Mauricio Godinho. *Princípios...*, cit., p. 20.

Hoje, parte significativa da doutrina agrega outra função (da qual decorreriam novos papéis conexos) às duas tradicionais já amplamente reconhecidas: trata-se de efetiva função normativa própria. Esta também seria inerente aos princípios no conjunto do ordenamento do direito — ou, pelo menos, aos princípios essenciais do sistema jurídico. Tal função normativa própria teria *status* até mesmo prevalecente sobre o papel normativo característico das demais regras jurídicas. (...)".

Assim, de acordo com essa corrente doutrinária preponderante, atualmente os *princípios jurídicos* conservam suas funções tradicionais (*integrativa,* aplicável nas *lacunas* da lei, e, *interpretativa,* quando auxiliam no alcance da melhor hermenêutica em cada situação), e, além disso, ainda teriam uma *função normativa específica*, a qual adviria da particular relevância que lhes é atribuída pelo sistema jurídico, decorrente da consideração de sua dimensão fundamentadora de todo o ordenamento normativo.

Esse conjunto de fatores, refletidos na vasta e relevante gama de funções dos *princípios jurídicos*, faz com que se lhes reconheça prestígio ainda maior na solução das controvérsias judiciais, de modo que as decisões lhes guardem harmonia e observância.

Tudo isso considerado, cabe fazer rápida menção ao núcleo basilar dos *princípios especiais que informam o direito individual do trabalho,* quais sejam:

> *Princípio da proteção* (ou *princípio tutelar;* ou *princípio tuitivo*), revela que o Direito do Trabalho, em seu todo considerado, é estruturado de modo a atender ao objetivo de proteção ao obreiro, parte hipossuficiente na relação empregatícia, visando *atenuar*, no plano jurídico, o desequilíbrio econômico existente no plano fático do contrato de trabalho.

Conforme ensina *Américo Plá Rodriguez*[22], "(...) O *princípio de proteção* se refere ao *critério fundamental que orienta o Direito do Trabalho*, pois este, ao invés de inspirar-se num propósito de igualdade, *responde ao objetivo de estabelecer um amparo preferencial a uma das partes: o trabalhador*".

Com essa diretriz em perspectiva, o renomado jurista uruguaio[23] destaca que o princípio em tela se expressa sob três formas distintas:

---

(22) RODRIGUEZ, Américo Plá. *Princípios de Direito do Trabalho.* 3ª ed. São Paulo: LTr, 2000, tradução e revisão técnica de Wagner Giglio, p. 83.
(23) RODRIGUEZ, Américo Plá. *Princípios...*, cit., p. 107.

a regra da *condição mais benéfica*; a regra da *norma mais favorável,* e, a regra conhecida como *'in dubio pro misero',* que seria o "(...) critério que deve utilizar o juiz ou o intérprete para escolher, entre vários sentidos possíveis de uma norma, aquele que seja mais favorável ao trabalhador" (...).

Princípio da norma mais favorável significa que,

> "(...) o operador do Direito do Trabalho deve optar pela regra mais favorável ao obreiro em três situações ou dimensões distintas: no instante de elaboração da regra (princípio orientador da ação legislativa, portanto) ou no contexto de confronto entre regras concorrentes (princípio orientador do processo de hierarquização de normas trabalhistas), ou, por fim, no contexto de interpretação das regras jurídicas (princípio orientador do processo de revelação do sentido da regra trabalhista)", como preleciona *Mauricio Godinho Delgado* (24), com apoio no magistério de *Amauri Mascaro Nascimento.*

De acordo com o *princípio da imperatividade das normas trabalhistas,* resta afastada do ramo juslaboral, como regra, a aplicação do critério da *autonomia da vontade,* tão incensado no ramo do Direito Civil, posto que, aqui, vigora *restrição à autonomia da vontade das partes contratantes,* plenamente aceita como meio eficaz assecuratório de certas garantias fundamentais ao empregado, na relação contratual(25).

Pelo *princípio da indisponibilidade dos direitos trabalhistas*, assegura-se, no plano da relação de emprego, a natureza impositiva característica da grande maioria das normas legais trabalhistas. *Plá Rodriguez* (26), enfatiza que,

> "(...) a disposição dos direitos do trabalhador está limitada, em suas diversas formas, porque não seria coerente que o ordenamento jurídico realizasse de maneira imperativa, pela disciplina

---

(24) DELGADO, Mauricio Godinho. *Princípios...*, cit., p. 43.

(25) "(...) Ressalte-se não haver dúvida de que regras imperativas existem também, é claro, nos demais ramos do direito. Em diversos deles são elas, inclusive, dominantes, como se passa no Direito Penal, Direito Tributário e Direito Administrativo. *O que torna especial a presença desse princípio no Direito do Trabalho é o fato de, aqui, tratar-se de relação jurídica privada (ao contrário das relações jurídicas dos ramos acima indicados), que ocorre entre sujeitos de direito dotados de plena capacidade para os atos da vida civil,* mas submetida essa relação à irrefreável incidência de regras jurídicas imperativas. (...)" (cf. GODINHO, Mauricio Delgado. *Princípios...*, cit., p. 47, sem grifos no original.

(26) RODRIGUEZ, Américo Plá. *Princípios...*, cit., p. 145.

legislativa e coletiva, a tutela do trabalhador, contratante necessitado e economicamente débil, e que depois deixasse seus direitos em seu próprio poder ou ao alcance de seus credores".

Com o *princípio da condição mais benéfica* objetiva-se garantir a preservação, ao longo do pacto, da cláusula contratual mais vantajosa ao obreiro, que, nessa perspectiva, reveste-se do manto de *direito adquirido.* "A regra da condição mais benéfica pressupõe a existência de uma situação concreta, anteriormente reconhecida, e determina que ela deve ser respeitada, na medida em que seja mais favorável ao trabalhador que a nova norma aplicável"[27].

Princípio da inalterabilidade contratual lesiva, segundo o qual se constata que as cláusulas incorporadas ao contrato de trabalho não podem ser alteradas, nem mesmo de comum acordo, se acarretarem prejuízo ao trabalhador, ou redundarem-lhe situação menos favorável que a originariamente prevista[28].

O *princípio da intangibilidade salarial* está diretamente ligado ao "caráter alimentar" do salário do trabalhador[29], e, por isso, merece garantias diversificadas por parte da ordem jurídica, no sentido de assegurar seu valor, montante e disponibilidade em benefício do empregado.

O *princípio da primazia da realidade sobre a forma (princípio do* "contrato realidade"), significa que, "(...) em caso de discordância entre o que ocorre na prática e o que emerge de documentos ou acordos, deve-se dar preferência ao primeiro, isto é, ao que sucede no terreno dos fatos"[30]. Extrai-se daí que, nas declarações de vontade, deve-se atentar mais para a intenção dos agentes que ao envoltório formal no qual as declarações vêm revestidas.

Por fim, o *princípio da continuidade da relação de emprego,* que se liga umbilicalmente ao fato de o contrato de trabalho ser um contrato

---

(27) RODRIGUEZ, Américo Plá. *Princípios...,* cit., p. 131.

(28) Quanto a isso, a redação do *art. 468 da CLT* não deixa margem a qualquer tipo de dúvida.

(29) "(...) A noção de natureza alimentar é simbólica, é claro. Ela parte do suposto — socialmente correto, em regra — de que a pessoa física que vive fundamentalmente de seu trabalho empregatício proverá suas necessidades básicas de indivíduo e de membro de uma comunidade familiar (alimentação, moradia, educação, saúde, transporte, etc.) com o ganho advindo desse trabalho: seu salário. A essencialidade dos bens a que se destinam o salário do empregado, por suposto, é que induz à criação de garantias fortes e diversificadas em torno da figura econômico-jurídica. (...)" (DELGADO, Mauricio Godinho. *Princípios...,* cit., p. 58.

(30) Cf. RODRIGUEZ, Américo Plá. *Princípios...,* cit., p. 339.

de *trato sucessivo,* no sentido de que não se esgota pela prática de um determinado ato. A relação empregatícia pressupõe uma vinculação que se prolonga no tempo, cuja manutenção é de interesse do Direito do Trabalho(31).

1.2.1.2. Processo Judiciário Trabalhista

Nesse passo, cabe ainda fazer menção que a *CLT* dedica seu *Título X* ao *Processo Judiciário do Trabalho*, estabelecendo as regras a serem observadas no desenrolar da lide trabalhista, valendo destacar, entre outras:

> *Art. 764:* "Os dissídios individuais ou coletivos submetidos à apreciação da Justiça do Trabalho serão sempre sujeitos à conciliação";
>
> *Art. 765:* "Os juízos e Tribunais do Trabalho terão ampla liberdade na direção do processo e velarão pelo andamento rápido das causas, podendo determinar qualquer diligência necessária ao esclarecimento delas";
>
> *Art. 769:* "Nos casos omissos, o direito processual comum será fonte subsidiária do direito processual do trabalho, exceto naquilo em que for incompatível com as normas deste Título".

Para o que se objetiva no presente trabalho, assume especial relevância o mandamento relativo à responsabilidade atribuída aos magistrados de proverem pelo rápido deslinde das *ações trabalhistas*, bem como a regra segundo a qual em relação a tais *ações* o direito processual comum deverá ser aplicado apenas de forma subsidiária, e somente quando não representar incompatibilidade com os preceitos agasalhados pelo estatuto consolidado (arts. 765 e 769).

Como relembra *Amauri Mascaro Nascimento* (32), a técnica jurisdicional de solução dos conflitos é a mais moderna e adequada, posto que, além de repudiar a *autodefesa,* traz consigo a vantagem da im-

---

(31) Como constata *Plá Rodriguez*, "(...) Durante certo tempo se acreditou ver nesta circunstância (a continuidade da relação de emprego) o perigo de que reapareceriam sorrateiramente certas formas de escravidão ou, pelo menos, de servidão. (...) Posteriormente notou-se que o perigo real era o inverso : a instabilidade, que é sinônimo de insegurança. (...) *De La Cueva* lembra a afirmação de *Bismarck* de que ao trabalhador interessava seu presente e seu futuro, para afirmar que o Direito do Trabalho não se conforma com o presente do trabalhador e busca assegurar seu porvir. Por outro lado, o desejo de segurança é um dos traços mais típicos do homem contemporâneo, tanto que, na história da humanidade, um dos legados do século XX será, sem dúvida, a idéia da segurança social. (...)" (*Princípios...*, pp. 239/240).

(32) *Elementos de Direito Processual do Trabalho.* 3ª ed. São Paulo: LTr, 1977, p. 20.

parcialidade, assim entendida como a solução que emana de uma fonte supra-partes (o Estado-juiz), sendo maiores as possibilidades de se chegar a um desfecho justo e pacífico do conflito.

Tal ainda mais avulta quando se tem em conta que, as partes, no processo trabalhista, podem atuar sem o concurso de profissionais do direito, fenômeno denominado *jus postulandi.* É o que se extrai do comando emanado do *art. 839 da CLT*, que foi, hoje é fora de dúvida, recepcionado pela vigente Constituição Federal[(33)].

Leciona *Sergio Pinto Martins*[(34)] que,

> "(...) Na prática muitas vezes se confundem as noções de capacidade postulatória com o *jus postulandi.* Na verdade, a primeira refere-se ao sujeito e a segunda ao exercício do direito possibilitado pela capacidade de estar em juízo. Podemos dizer que o *jus postulandi* é o direito que a pessoa tem de ingressar em juízo, praticando pessoalmente todos os atos autorizados para o exercício do direito de ação (...)".

Em complemento ao que se viu no item anterior (*n. 1.2.1.1*), cabe salientar que o *direito processual trabalhista* também é informado por diversos *princípios* especiais, que revelam sua dimensão e trazem à tona sua índole eminentemente pragmática, como, aliás, ocorre com o direito laboral substantivo.

Destacam-se, entre outros, o *princípio da concentração,* propugnando no sentido de que os atos processuais sejam praticados em uma mesma oportunidade[(35)]; o *princípio da oralidade* (leitura da reclamatória, defesa oral, proposta de conciliação, depoimentos, etc.); o *princípio da imediatidade,* que se traduz na *imediação* que deve haver entre o julgador e as pessoas cujas declarações apreciará, e, o *princípio da celeridade processual,* para a consecução do qual concorrem os demais.

---

(33) A despeito de controvérsia inicial, doutrina e jurisprudência hoje concordam que o *jus postulandi* ainda vigora na seara trabalhista, inobstante preveja o art. 133 da Carta Magna que, *advogado é indispensável à administração da justiça, sendo inviolável por seus atos e manifestações no exercício da profissão, nos limites da lei.*

(34) *Direito Processual do Trabalho.* 3ª ed. São Paulo: Atlas, 1995, p. 143.

(35) Esse intento se verifica claramente das disposições contidas nos *arts. 843 a 850 da CLT* ao estabelecerem que, as partes deverão comparecer na audiência, acompanhadas de suas testemunhas, oportunidade em que produzirão as demais provas, e, caso não se alcance a conciliação, será oferecida a contestação, instruído o processo e proferida a decisão.

Note-se que o citado "princípio da imediatidade" guarda relação com o escopo do efetivo conhecimento, pelo juiz, dos fatos envoltos na demanda, já que pelo informalismo que norteia o processo do trabalho e pelo contato mais próximo que terá com as partes e testemunhas no decorrer da instrução processual, melhores condições terá para o julgamento da lide.

Ao processo do trabalho, contudo, não se aplica a rigidez formal do "princípio da identidade física do juiz", agasalhado pelo *art. 132 do CPC*[36], vez que o Tribunal Superior do Trabalho adota entendimento no sentido de que "Não se aplica às juntas de conciliação e julgamento (*sic*) o princípio da identidade física do juiz"[37]. No mesmo sentido, a Súmula n. 222 do STF[38].

Francisco Antonio de Oliveira[39] manifesta restrição ao entendimento sumulado, posto que, a seu ver,

> "(...) Tem-se uma certa distonia no processo do trabalho ao repulsar o princípio da identidade física do juiz, posto que adota com maior rigor e intensidade o princípio da oralidade, aí contido o princípio da imediação entre o juiz e as pessoas cujas declarações ele deva apreciar. Por razões óbvias, com maior razão deveria não prescindir do princípio da identidade física do juiz (...). A identidade do juiz é de elevada importância porque não é possível reproduzir nas atas e depoimentos, as impressões que resultam da inquirição direta das partes e das testemunhas. Da identidade resulta a valorização da verdade real. (...)".

Por certo, no entanto, o entendimento jurisprudencial consolidado, diante da inexistência de texto de lei expresso na CLT, optou por não estabelecer esse tipo de *amarras* ao processo trabalhista, que, a par das vantagens que possam conter, certamente poderiam causar sérios embaraços à consecução da tão almejada *celeridade processual*[40], haja vista o incontornável *formalismo* que pressupõe.

---

(36) "O juiz, titular ou substituto, que concluir a audiência julgará a lide, salvo se estiver convocado, licenciado, afastado por qualquer motivo, promovido ou aposentado, casos em que passará os autos ao seu sucessor".

(37) TST, Súmula n. 136.

(38) "O princípio da identidade física do juiz não é aplicável às Juntas de Conciliação e Julgamento (*sic*), da Justiça do Trabalho".

(39) *Comentários aos Enunciados do TST*. 5ª ed. São Paulo: Revista dos Tribunais, 2001, pp. 364 e 367.

(40) Havia, ainda, por ocasião da edição dessas súmulas de jurisprudência, como lembra *Roberto Rosas* (*in Direito Sumular*. 12ª ed. São Paulo: Malheiros, 2004, p. 101), uma

Diga-se, a título de fecho, que para a solução da lide trabalhista reveste-se de especial importância o *princípio inquisitivo,* através do qual se

> "(...) confere ao juiz a função de procurar e reunir o material do processo; de impulsioná-lo, algumas vezes até a revelia das partes, para que não se procrastinem os feitos. No processo trabalhista essa liberdade é enfatizada no art. 765 da CLT, pelo qual se outorga, ao juiz ou ao tribunal, ampla liberdade na direção do processo e no andamento das causas, podendo determinar qualquer diligência necessária ao esclarecimento delas (...)"[41].

1.3. Processo de Execução

Conforme se procurou mostrar anteriormente[42], embora em rápidas pinceladas, é por intermédio do *processo de conhecimento* que o Estado, com a autoridade que tanto lhe atribui a ordem constitucional, declara com quem está a razão jurídica disputada pelas partes, fazendo incidir à hipótese concreta a vontade soberana da lei.

Esse provimento jurisdicional que, ao final, remove a *incerteza* estabelecida no processo cognitivo, *faz lei entre as partes*[43], e, após verificado seu *trânsito em julgado*, constitui-se em *título executivo judicial,* conforme se extrai do *inciso I do art. 584 do CPC — Código de Processo Civil*[44].

A sentença condenatória, por sua vez,

> "(...) é classicamente considerada como a única que atribui ao autor um novo direito de ação: a execução forçada, que traduz o direito à prestação jurisdicional executiva. *Cândido Rangel Dinamarco* observa que tal espécie de sentença apresenta, estruturalmente, dois momentos lógicos: a declaração da existência de uma obrigação em favor do autor e a aplicação da sanção executiva.

---

dificuldade adicional para aplicação do "princípio da identidade física do juiz" ao processo do trabalho, em face da composição colegiada das Juntas de Conciliação e Julgamento.

(41) ALMEIDA, Ísis de. "Manual de Direito Processual do Trabalho". *Introdução ao Processo Judiciário do Trabalho.* 9ª ed., 1º vol. São Paulo: LTr, 1998, p. 39.

(42) *Item 1.2 retro.*

(43) "A sentença que julgar total ou parcialmente a lide, tem força de lei nos limites da lide e das questões decididas" (*CPC, 468*).

(44) "São títulos executivos judiciais : *I*— a sentença condenatória proferida no processo civil. (...)".

Se não ocorre o cumprimento espontâneo pelo devedor, a reação contra o comportamento ilícito não chega ainda a manifestar-se num resultado concreto e efetivo. Só por meio do processo é que se consegue tornar operativa a sanção. Esse alvo é atingido através de duas etapas sucessivas: primeiro, o órgão judicial tem de determinar *in concreto* a sanção a que se deve sujeitar o transgressor; em seguida, caso este não cumpra voluntariamente a sentença, abrem-se ao credor as vias executórias para a atuação prática da sanção previamente determinada. (...)"[45].

Nessa perspectiva,

"(...) enquanto no processo de conhecimento se discute, à procura da definição do direito que virá solucionar a controvérsia das partes, no processo de execução apenas se realiza o direito já declarado numa sentença condenatória ou num documento extrajudicial a que a lei reconhece o poder de conferir à obrigação certeza, liquidez e exigibilidade. (...)"[46].

Ou seja, em outras palavras, enquanto na *fase cognitiva* se procura, através dos *fatos* acontecidos, identificar e definir o *direito*, no *processo executivo* se parte do *direito*, então reconhecido pela sentença condenatória, para sua implementação através de atos executórios que modificam e alteram a situação fática, visando adequá-la ao direito[47].

Dessa sorte, o *processo de execução* objetiva a satisfação do credor, através de coerção[48] patrimonial do devedor[49].

Para que o credor possa ser efetivamente *satisfeito*, a execução é promovida visando a expropriação de bens do devedor[50], através de hasta pública, cujo produto é revertido em favor do titular do direito.

---

(45) PIMENTA, José Roberto Freire. "Liquidação de Sentença no Processo do Trabalho". *In Compêndio de Direito Processual do Trabalho* — Obra em Memória de Celso Agrícola Barbi. Alice Monteiro de Barros (Coord.). 2ª ed. São Paulo: LTr, 2001, p. 559.

(46) Cf. THEODORO JUNIOR, Humberto. *Processo de Execução*. 20ª ed. São Paulo: Livraria e Editora Universitária de Direito, 2000, p. 125, com grifos no original.

(47) Cf. TEIXEIRA FILHO, Manoel Antonio. *Execução no Processo do Trabalho*. 7ª ed. São Paulo: LTr, 2001, pp. 69/70.

(48) "Sempre que, para efetivar a execução, for necessário o emprego da força policial, o juiz a requisitará" (*CPC, 579*).

(49) "O devedor responde, para o cumprimento de suas obrigações, com todos os seus bens presentes e futuros, salvo as restrições estabelecida em lei" (*CPC, 591*), e, "A execução por quantia certa tem por objeto expropriar bens do devedor, a fim de satisfazer o direito do credor (art. 591)" (*CPC, 646*).

(50) *CPC, "Artigo 647:* A expropriação consiste: *I* — na alienação de bens do devedor; *II* — na adjudicação em favor do credor; *III* — no usufruto de imóvel ou de empresa".

O manejo válido da *execução judicial* pressupõe dois requisitos essenciais, a saber: a existência de *título executivo*(51) e a *inadimplência do devedor*(52).

Embora possa ser promovida de maneira *provisória* ou *definitiva*(53), a execução, todavia, sempre deverá ser feita do *modo menos gravoso para o devedor*(54).

Impende destacar ainda, que o *título executivo*, por sua vez, deverá se revestir dos atributos de *liquidez, certeza* e *exigibilidade*(55), sendo certo que quando o título executivo for sentença que contenha condenação genérica, proceder-se-á primeiro à sua liquidação (CPC, 586, § 1º).

Como ensinam *Nelson Nery Junior* e *Rosa Maria de Andrade Nery*(56),

> "(...) O título que autoriza a execução é aquele que *prima facie* evidencia certeza, liquidez e exigibilidade que permitem que o credor lance mão de pronta e eficaz medida para o cumprimento da obrigação que o devedor se prestou a cumprir. (...)".

Discorrendo sobre os *caracteres do título executivo,* menciona *Araken de Assis*(57):

> "(...) De logo, cabe precisar as noções de certeza, de liquidez e de exigibilidade. Extremando-as, *Carnelutti* asseverou, egregiamente, que o título é certo quando não há dúvida acerca da sua exis-

---

(51) "Toda execução tem por base um título executivo judicial ou extrajudicial" (*CPC, 583*).

(52) "Verificado o inadimplemento do devedor, cabe ao credor promover a execução. *Considera-se inadimplente o devedor, que não satisfaz espontaneamente o direito reconhecido pela sentença, ou a obrigação, a que a lei atribuir a eficácia de título executivo*" (CPC, 580, parágrafo único).

(53) "A execução é definitiva, quando fundada em sentença transitada em julgado ou em título extrajudicial; é provisória, quando a sentença for impugnada mediante recurso, recebido só no efeito devolutivo" (*CPC, 587*).

(54) "Quando por vários meios o credor puder promover a execução, o juiz mandará que se faça pelo modo menos gravoso para o devedor" (*CPC, 620*). Nas palavras de *Humberto Theodoro Junior*, "(...) toda execução deve ser 'econômica', isto é, deve realizar-se de forma que, satisfazendo o direito do credor, seja o menos prejudicial possível ao devedor. (...)" (*in Processo de Execução*, cit., p. 127).

(55) "A execução para cobrança de crédito, fundar-se-á sempre em título líquido, certo e exigível" (*CPC, 586*).

(56) *Código de Processo Civil Comentado e Legislação Processual Civil Extravagante em Vigor.* 6ª ed. São Paulo: Revista dos Tribunais, 2002, p. 964.

(57) *Manual do Processo de Execução.* 8ª ed. São Paulo: Revista dos Tribunais, 2002, p. 149.

tência; líquido, quando inexiste suspeita concernente ao seu objeto; e exigível, quando não se levantam objeções sobre sua atualidade (...)".

E, um pouco adiante, sobre o requisito da *certeza*, "(...) tal atributo se relaciona, mesmo, à existência do crédito". É o que se inferia do art. 1.533 do CC de 1916, que rezava:

"Considera-se líquida a obrigação certa, quanto à sua existência, e determinada, quanto ao seu objeto". Embora sem equivalente no texto do CC de 2002, permanece exata a lição de *Pontes de Miranda:* "A certeza, que o juiz aprecia, é a da existência da obrigação, diante apenas do título (sentença, ou título extrajudicial), e não só dos pressupostos formais do título executivo (...)"(58).

Já no que tange à "liquidez", esse renomado autor preleciona, "(...) a liquidez importa expressa determinação do objeto da obrigação. (...) Note-se que liquidez, nos títulos extrajudiciais e judiciais, se traduz na simples determinabilidade do valor (*quantum debeatur*) mediante cálculos aritméticos. (...)"(59).

O requisito da "exigibilidade",

"(...) refere-se ao vencimento da dívida: obrigação exigível é, portanto, a que está vencida, seja porque se alcançou o termo, seja porque se verificou a condição a cuja ocorrência a eficácia do negócio jurídico estava subordinada. É após o vencimento que o credor pode exigir o cumprimento da obrigação; e não sendo atendido, terá havido inadimplemento do devedor, que é o pressuposto prático ou substancial da execução forçada (...)"(60).

Em linhas gerais, e de forma muito sintética, essa a estrutura da *execução forçada* em nosso ordenamento processual.

1.3.1. Anotações sobre a Execução Trabalhista

Como aqui já destacado, face ao caráter tutelar do Direito do Trabalho, a lide trabalhista é regida por normas especiais que buscam levar à efetividade do processo, sem que se olvide da condição de

(58) ASSIS, Araken de. *Manual...*, cit., p. 150.
(59) ASSIS, Araken de. *Manual...*, cit., pp. 151/152.
(60) THEODORO JUNIOR, Humberto. *Processo de Execução,* cit., p. 174.

hipossuficiente do trabalhador em contraposição ao poder econômico do empregador, relativamente ao qual é dependente.

Nesse diapasão, cumpre verificar que, pelos termos do *art. 765 da CLT*, a responsabilidade pela rápida solução das causas judiciais trabalhistas foi, de maneira expressa, carreada aos magistrados que as presidem, até para que não seja relegado ao olvido o *princípio da celeridade processual*, que se traduz em um dos claros objetivos a serem alcançados pelo processo trabalhista, em face, inclusive, do *caráter alimentar* das verbas controvertidas na ação.

Tal ainda mais avulta na execução do julgado (quando o direito já está definido), a qual, inclusive, pode ser promovida *ex officio* pelo Juiz(61).

Embora o direito processual comum seja referência subsidiária do processo trabalhista como um todo (CLT, 769), cabe destacar que a execução trabalhista se leva a efeito mediante a aplicação das regras próprias contempladas pela CLT, à mingua das quais, e desde que não lhe sejam incompatíveis, se aplica a *Lei de Execução Fiscal (Lei n. 6.830/80)*, consoante determina expressamente o *art. 889 da CLT*(62).

Somente após é que, permanecendo a lacunosidade, se buscará fomento no regramento legal do processo de execução do CPC.

1.3.1.1. Aparelhamento da Execução Trabalhista

Rememore-se que, anteriormente, a execução trabalhista era concentrada em *títulos executivos judiciais*(63), não havendo previsão legal, no processo do trabalho, de execução de *títulos executivos extrajudiciais*(64).

---

(61) "A execução poderá ser promovida por qualquer interessado, ou *exofficio* pelo próprio Juiz ou Presidente ou Tribunal competente, nos termos do artigo anterior" (*CLT, 878*).

(62) "Aos trâmites e incidentes do processo da execução são aplicáveis, naquilo em que não contravierem ao presente Título, os preceitos que regem o processo dos executivos fiscais para a cobrança judicial da dívida ativa da Fazenda Pública Federal".

(63) Era o que se dessumia da antiga redação do *art. 876 da CLT*, segundo o qual, "As decisões passadas em julgado ou das quais não tenha havido recurso com efeito suspensivo, e os acordos, quando não cumpridos, serão executados pela forma estabelecida neste Capítulo".

(64) Como afirma *Manoel Antonio Teixeira Filho*, "(...) Nas edições anteriores deste livro, sempre sustentamos que a única modalidade de execução admissível no processo do trabalho era a de título judicial, por força do disposto no art. 876 da CLT. Todavia, a Lei n. 9.958/00, que instituiu as Comissões de Conciliação Prévia (CLT, arts. 625-A e 625-H),

Em seu "Manual de Direito Processual do Trabalho"[(65)], o jurista *Ísis de Almeida* certifica que,

> "(...) O art. 876 da CLT é sucinto: executam-se as sentenças passadas em julgado ou das quais não tenha havido recurso com efeito suspensivo, e os acordos quando não cumpridos. Passadas em julgado são as sentenças que não estão mais sujeitas a recurso. (...) Os acordos não cumpridos, de que fala o art. 876 da CLT, são aqueles a que se refere o § 1º do art. 846[(66)] e cujo termo equivale a uma sentença irrecorrível, de acordo com o parágrafo único do art. 831 da CLT[(67)] (...)".

Sustenta na seqüência[(68)] que o *acordo extrajudicial* inadimplido, somente poderia propiciar uma ação trabalhista *ordinária*, de cunho cognitivo, na qual, inclusive, poderiam ser articuladas outras pretensões concretas (além da exigência, de forma completa, das verbas que haviam sido abrangidas pela *transação*), e não apenas o puro e simples cumprimento das condições estabelecidas na avença. Posiciona-se contrário, no entanto, à possibilidade de que tal ajuste seja válido para instruir, diretamente, um *processo de execução.*

Quanto a essa hipótese, *Amauri Mascaro Nascimento*[(69)], adota postura contrária, manifestando abalizada opinião no sentido de que,

> "(...) Maiores são as dificuldades quando se trata de saber se são dotados de força executória os títulos extrajudiciais, isto é, os acordos homologados pelos Sindicados, ou pela Delegacia Regional do Trabalho.
>
> Entendemos que sim. Se é descumprido o acordo, por qualquer razão, a matéria nele ventilada é passível não de um processo de conhecimento, totalmente desnecessário, mas sim de um proces-

---

deu nova redação ao art. 876, para permitir que a execução forçada se baseie, também, no 'termo de conciliação' e no 'termo de ajustamento de conduta', aí referidos, ou seja, em determinados títulos extrajudiciais". (*Execução no Processo do Trabalho*, cit., pp. 196/197.

(65) 9ª ed., 2º volume, São Paulo: LTr, 1998, pp. 430/431.

(66) *CLT, art. 846:* "Aberta a audiência, o juiz proporá a conciliação. *§ 1º: Se houver acordo, lavrar-se-á termo, assinado pelo presidente e pelos litigantes,* consignando-se o prazo e demais condições para seu cumprimento. (...)".

(67) *CLT, art. 831*: "A decisão será proferida depois de rejeitada pelas partes a proposta de conciliação. *Parágrafo único: No caso de conciliação, o termo que for lavrado valerá como decisão irrecorrível,* salvo para a Previdência Social quanto às contribuições que lhe forem devidas."

(68) ALMEIDA, Ísis de. *Manual de Direito Processual...*, cit., p. 432.

(69) *Elementos de Direito Processual do Trabalho*, cit., p. 207.

so de execução. Trata-se de documento no qual há um direito fixado e um valor correspondente a esse direito. (...) Entender que esses acordos extrajudiciais homologados são objeto de processo de conhecimento é pura perda de tempo, uma inutilidade, além de uma barreira a mais colocada diante do empregado. (...)".

Sem entrar no mérito da discussão, o fato é que tal controvérsia, a rigor, poderia ser equacionada e conjugada, permitindo interpretação que possibilitasse não só a propositura de uma ação ordinária cognitiva (na qual se discutisse tanto a própria validade do ajuste; seu inadimplemento; eventuais direitos transacionados, etc., como outras pretensões), mas, também, contemplasse o arrojo da proposta contrária, conferindo *força executiva* ao ajuste extrajudicial (caso, obviamente, fosse de interesse do credor), mediante invocação subsidiária (CLT, 769) do *art. 585, II, do CPC* (que considera título executivo extrajudicial "o documento particular assinado pelo devedor e por duas testemunhas"), vez que as posições sustentadas não são necessariamente excludentes.

Além disso, e bem a propósito, cabe referir que a *Lei n. 9.079, de 17 de julho de 1995,* incluiu o *Capítulo XV, Da Ação Monitória,* no Código de Processo Civil, colhendo-se do *art. 1.102a* o seguinte: "A ação monitória compete a quem pretender, com base em *prova escrita sem eficácia de título executivo,* pagamento de soma em dinheiro, entrega de coisa fungível ou de determinado bem móvel".

Não é ocioso lembrar, entretanto, que a *Ação Monitória*[(70)], plenamente aplicável ao processo do trabalho, conforme doutrina e jurisprudência pacificadas, "(...) não instituiu a execução de títulos extrajudiciais no processo trabalhista. O documento que serve de base ao ajuizamento da ação monitória, não havendo embargos, transforma-se em título judicial. (...)"[(71)].

---

(70) "(...) instrumento processual colocado à disposição do credor de quantia certa, de coisa fungível ou de coisa móvel determinada, *com crédito comprovado por documento escrito sem eficácia de título executivo,* para que possa requerer em juízo a expedição de mandado de pagamento ou de entrega de coisa para a satisfação de seu direito. A ação monitória é ação de conhecimento, condenatória, com procedimento especial de cognição sumária e de execução sem título. *Sua finalidade é alcançar a formação de título executivo judicial de modo mais rápido do que na ação condenatória convencional* (...)" (NERY JUNIOR, Nelson & ANDRADE NERY, Rosa Maria de. *Código de Processo Civil Comentado...*, cit., p. 1.214.

(71) TOSTES MALTA, Christovão Piragibe. *A Execução no Processo Trabalhista.* 2ª ed. São Paulo: LTr, 1997, p. 71.

De fato, consoante a dicção legal, estando em ordem a petição inicial, "o juiz deferirá de plano a expedição do mandado de pagamento ou de entrega da coisa no prazo de quinze (15) dias" (*CPC, 1.102b*), prazo em que o réu "poderá oferecer embargos, que suspenderão a eficácia do mandado inicial. Se os embargos não forem opostos, constituir-se-á de pleno direito, o título executivo judicial, convertendo-se o mandado inicial em mandado executivo" (*CPC, 1.102c*).

Inobstante essas e outras considerações congêneres, o fato é que a CLT somente passou a prever, de forma expressa, a possibilidade de execução de título extrajudicial quando da instituição das *Comissões de Conciliação Prévia*[(72)].

Com efeito, a *Lei n. 9.958/00*, entre outras alterações e acréscimos, deu nova redação ao *art. 876 da CLT* para permitir a execução judicial dos "termos de ajuste de conduta firmados perante o Ministério Público do Trabalho" e dos "termos de conciliação firmados perante as Comissões de Conciliação Prévia", alçados então, de forma expressa, na seara trabalhista, à condição de títulos executivos extrajudiciais.

Os "termos de ajuste de conduta" a que alude a nova redação do *art. 876 da CLT*, são aqueles de *constituição facultada* pela *Lei n. 7.347/85*, que "disciplina a *ação civil pública* de responsabilidade por danos causados ao meio ambiente, ao consumidor, a bens e direitos de valor artístico, estético, histórico, turístico e paisagístico"[(73)].

Esse diploma legal regula as "ações de responsabilidade por danos morais e patrimoniais causados (art. 1º): ao meio ambiente; ao consumidor; aos bens e direitos de valor artístico, estético, histórico,

---

(72) Vide o *art. 625-A da CLT*: "As empresas e os sindicatos podem instituir *Comissões de Conciliação Prévia*, de composição paritária, com representantes dos empregados e dos empregadores, *com a atribuição de tentar conciliar os conflitos individuais de trabalho*", incluído pela Lei n. 9.958/00.

(73) Lembra *Eva Kocher* que, "(...) Institutos de ação coletiva representam, mundialmente, uma tentativa de refletir conflitos coletivos sociais no processo judicial que apresenta, tradicionalmente, uma feição individualista. A solução individualista de conflitos na via judicial prova-se muitas vezes inadequada, mormente quando os integrantes de um grupo social sofrem de maneira universal a mesma violação de direitos. Nesses casos os indivíduos, tipicamente, não reivindicam os seus direitos porque, por um lado, o interesse individual de cada um pode não chegar a ser tamanho a dar ensejo à ação judicial, ou porque, por outro lado, a relação social para com a parte violadora pode colocar o indivíduo numa posição inferior. A Ação Coletiva, com a legitimação ativa de órgãos do Executivo, do Ministério Público ou de corpos intermediários pode ser vista como um meio para superar estas barreiras. (...)" (*A Ação Civil Pública e a Substituição Processual na Justiça do Trabalho — 'Verbandskagen' no Direito Brasileiro.* São Paulo: LTr, 1998, p. 7.

turístico e paisagístico; a qualquer outro interesse difuso ou coletivo; por infração da ordem econômica e da economia popular; e, à ordem urbanística (incisos I a VI)".

Como leciona *Ibraim Rocha*[74], a *ação civil pública,* no âmbito trabalhista, pode ser conceituada como

"(...) a ação de responsabilidade por danos ou ameaça de danos causados a interesses difusos, coletivos e individuais homogêneos, relacionados com a legislação trabalhista ou com as relações entre empregadores e trabalhadores, e, na forma da lei, outras controvérsias advindas da relação de trabalho, bem como os litígios decorrentes do cumprimento das sentenças da justiça do trabalho, inclusive coletivas."

O Ministério Público está entre os legitimados para a propositura da *ação civil pública* (art. 5º), sendo certo inclusive que, previamente, "poderá instaurar, sob sua presidência, inquérito civil" (art. 8º, § 1º), visando subsidiá-la e melhor fundamentá-la[75].

Além disso, tanto o Ministério Público, como os demais "órgãos públicos legitimados poderão tomar dos interessados *compromisso de ajustamento de sua conduta às exigências legais,* mediante cominações, *que terá eficácia de título executivo extrajudicial*" (art. 5º, § 6º, com a redação dada pela Lei n. 8.078, de 11 de setembro de 1990 — do CDC — Código de Defesa do Consumidor).

Nesse passo, de rigor mencionar, embora *en passant,* o posicionamento da atual Procuradora Geral do Trabalho, *Sandra Lia Simon*[76], que, mesmo anteriormente à alteração legislativa perpetrada pela *Lei n. 9.958/00,* já preconizava pela competência do juízo laboral para execução dos *termos de ajuste de conduta* firmados perante o *Ministério Público do Trabalho:*

---

(74) *Ação Civil Pública e o Processo do Trabalho.* 2ª ed. São Paulo: LTr, 2001, p. 24.

(75) "(...) O órgão do Ministério Público poderá, na ação civil pública, ser parte, sendo possível que, antes da propositura da respectiva ação, instaure inquérito civil para a apuração dos fatos. (...) Observe-se que por força do art. 129 da Constituição da República o inquérito civil é de titularidade exclusiva do Ministério Público, o que não se confunde com a legitimidade para propositura da Ação Civil Pública que poderá ser instaurada por qualquer dos entes autorizados por lei. (...)", NAHAS, Thereza Christina. *Legitimidade Ativa dos Sindicatos — Defesa dos Direitos e Interesses Individuais Homogêneos no Processo do Trabalho — Processo de Conhecimento.* São Paulo: Atlas, 2001, p. 124.

(76) *Tendências do Direito Material e Processual do Trabalho.* Coord. Yone Frediani, cit., pp. 79/80.

"(...) Se, por outro lado, ficar demonstrada, até a conclusão do inquérito civil público, a existência de lesão, o membro do Ministério Público que estiver no exercício da Presidência poderá, antes de propor a correspondente ação civil pública, tomar dos interessados compromisso de ajustamento de conduta às exigências legais, mediante cominações, que terá eficácia de título executivo extrajudicial (art. 5º, § 6º, da Lei n. 7.347/85).

(...) Na hipótese de descumprimento do ajuste, esse termo poderá ser executado, pois a Lei n. 7.347/85, no seu art. 5º, § 6º, deu-lhe força de título executivo extrajudicial, *com a execução devendo ocorrer na Justiça do Trabalho.* Isso porque, no que diz respeito à tutela de interesses metaindividuais, a Consolidação das Leis do Trabalho é omissa. Logo, em virtude da regra estipulada no art. 769, naquilo que for compatível, o direito processual comum será fonte subsidiária do processo do trabalho. Conseqüentemente, toda legislação informadora do moderno processo coletivo (Leis ns. 7.347/85 e 8.078/90) pode e deve ser aplicada ao processo laboral.

Trata-se de adequar a legislação processual trabalhista de 1940 às demandas desse final de século e às que já se prenunciam para o novo milênio, dando-se ênfase ao Texto Constitucional de 1988, que, como já demonstrado aqui, privilegia a tutela coletiva, assim como os instrumentos processuais que objetivam a efetivação dos direitos metaindividuais. (...)".

Na mesma linha, o judicioso posicionamento do magistrado *Julio Assumpção Malhadas*[77],

"(...) Sempre tive como passíveis de execução perante a Justiça do Trabalho as obrigações assumidas perante o Ministério Público do Trabalho nos Inquéritos Civis Públicos, em que a empresa por ele chamada assume o compromisso de fazer ou se abster de fazer algo, para cumprir determinação legal que vinha desobedecendo. O compromisso assinado perante o órgão do Ministério Público tem, por lei (Lei n. 7.347/85), a eficácia de título executivo extrajudicial. (...)

---

(77) "Jurisdição Trabalhista: os créditos do empregado e a penhora dos bens do devedor". *In Os Novos Paradigmas do Direito do Trabalho.* Homenagem a Valentin Carrion. Rita Maria Silvestre e Amauri Mascaro Nascimento, Coords. São Paulo: Saraiva, 2001, pp. 623/624.

> Porque a Lei assim dispõe, tenho dito (e escrito) poder o Ministério Público do Trabalho reduzir (e muito) o volume de ações perante a Justiça do Trabalho. Sendo-lhe noticiada a repetida violação, por um empregador, de determinada norma legal ou convencional de proteção ao trabalhador, o órgão do Ministério Público do Trabalho faria (ou requisitaria da fiscalização do Ministério do Trabalho e Emprego) a verificação dos fatos, e, constatada a veracidade da notícia, procederia ao inquérito civil público, no qual procuraria obter o termo e compromisso de ajustamento de conduta ao disposto na norma apontada como violada. Em caso de descumprimento do compromisso, valendo-se da eficácia de título executivo que a Lei lhe atribui, promoveria sua execução perante a Justiça do Trabalho. Somente ajuizaria a ação civil pública no caso de não obter o compromisso referido. (...)".

De outra quadra, os "termos de conciliação firmados perante as Comissões de Conciliação Prévia" são aqueles que foram instituídos pelo *parágrafo único do art. 625-E da CLT*(78).

Embora a *Lei n. 9.958/00* tenha tido o mérito, entre outros, de explicitar a competência da *Justiça do Trabalho* para a execução dos *títulos extrajudiciais* que mencionou, reafirmando e ressaltando o predicado da *executibilidade* inerente aos *termos de ajustamento de conduta firmados perante o Ministério Público do Trabalho* e aos *termos de conciliação firmados perante as Comissões de Conciliação Prévia*, não escapou à crítica de *Cláudio Armando Couce de Menezes*(79),

> "(...) Dispõe o art. 877-A, da CLT, que a execução por título extrajudicial se faz perante o juízo competente *in ratione materiae* para o processo de conhecimento. Em outras palavras, o legislador está a afirmar que a execução será feita na Justiça do Trabalho se o título decorrer de relação jurídica, cujo litígio seria de competência da Justiça do Trabalho.
>
> Sucede que os títulos extrajudiciais executáveis na Justiça do Trabalho já trazem em si a própria indicação da competência trabalhista: termo de compromisso firmado perante o Ministério Público do Trabalho e termo e conciliação emitido por comissão prévia

---

(78) *Artigo 625-E:* "Aceita a conciliação, será lavrado termo assinado pelo empregado, pelo empregador ou seu preposto e pelos membros da comissão, fornecendo-se cópia às partes. *Parágrafo único: "O termo de conciliação é título executivo extrajudicial* e terá eficácia liberatória geral, exceto quanto às parcelas expressamente ressalvadas".

(79) *Teoria Geral do Processo e a Execução Trabalhista.* São Paulo: LTr, 2003, p. 32.

de conciliação extrajudicial que só pode, evidentemente, tratar de matéria trabalhista (art. 876, da CLT, com redação dada pela Lei n. 9.958/00).

Assim, a não ser que o art. 877-A tenha querido abrir as portas para a execução de outros títulos extrajudiciais (cheques e notas promissórias emitidos pelo empregador para quitação de verbas trabalhistas, confissões de dívidas, etc), peca o mesmo por redundância. (...)".

A propósito de tal questionamento, de rigor mencionar que a recente *Reforma do Poder Judiciário*, consubstanciada na *Emenda Constitucional n. 45, de 8 de dezembro de 2004*, deu nova estruturação à competência material da Justiça do Trabalho, estabelecendo no *art. 114* da *lex legum* que "compete à Justiça do Trabalho processar e julgar: as ações oriundas da relação de trabalho" (inciso I), bem como, 'outras controvérsias decorrentes da relação de trabalho, na forma da lei' (inciso IX).

E, nessa conformidade,

"(...) O inciso IX tem uma dimensão prospectiva, inserindo-se na técnica legislativa apropriada para os Textos Constitucionais, no sentido de permitir a adaptação interpretativa a novos fatos sociais. Assim, quando expressa que a Justiça do Trabalho também será competente para processar e julgar 'outras controvérsias decorrentes da relação de trabalho', o texto constitucional contém uma cláusula geral que permite a adaptação do raciocínio hermenêutico a novos atos sociais não previstos.

As cláusulas gerais são textos normativos que permitem a oxigenação dos dispositivos legais, permitindo a entrada no sistema jurídico de conteúdo valorativo e de novos fatos advindos das mudanças sociais. Como se sabe, o fato social anda mais rápido que o Direito, sendo prudente que o texto legal deixe em aberto novas perspectivas para o futuro.Por essa razão, a palavra 'outras' permite que o julgador ou intérprete analise o caso concreto e verifique, na aplicação direta da lei, se ele se enquadra como definição de relação de trabalho.

Alguma interpretação mais apressada poderia sugerir, inclusive, que o inciso IX seria desnecessário, em função da amplitude dos incisos I (relação de trabalho em sentido lato) e VI (danos morais e patrimoniais decorrentes da relação de trabalho). Entretanto, a existência do inciso IX tem duas características benéficas para a interpretação sistemática do art. 114 da Constituição: a) resolve o problema da competência em razão da matéria estar vinculada à necessidade de existência de norma expressa, pois essa condicionante não existe no inciso I, apenas existindo no inciso IX; b) serve como cláusula geral para permitir a longevidade do sistema normativo, permitindo que, no futuro, sempre se encontre a possibilidade de valorar o que constitui 'outras controvérsias decorrentes da relação de trabalho" (...)"[80].

1.3.1.2. Liquidação de Sentença Trabalhista

Feitas as considerações precedentes, cabe realçar que, como no âmbito do processo civil, para que a *execução trabalhista* possa ser regularmente promovida, mister que o título executivo seja líquido, certo e exigível.

Caso o título exeqüendo, embora certo e exigível, não seja *líquido*, necessitar-se-á promover sua prévia *liquidação*, a qual, consoante mandamento do *art. 879 da CLT*[81], poderá ser feita por simples cálculos, por arbitramento ou por artigos.

É o que a doutrina chama de "fase de acertamento"; "pré-execução" ou *liquidação de sentença.*

O Código de Processo Civil, de aplicação subsidiária ao processo do trabalho, regula detidamente essa matéria, estabelecendo que, "procede-se à liquidação quando a sentença não determinar o valor ou não individuar o objeto da condenação" (*CPC, 603*).

Na *liquidação por cálculos,* a execução se fará mediante confecção e apresentação de memória discriminada e atualizada dos valores (*CPC, 604*).

A *liquidação por arbitramento* tem lugar quando "determinado pela sentença ou convencionado pelas partes", ou, "o exigir a natureza do objeto da liquidação" (*CPC, 606, I e II*), caso em que, se necessário, o Juiz nomeará perito, na dicção do *art. 607 do CPC.*

(80) ARAÚJO, Francisco Rossal de. "A Natureza Jurídica das Relações de Trabalho (Novas Competências da Justiça do Trabalho — Emenda Constitucional n. 45/04)". *In Nova Competência da Justiça do Trabalho.* São Paulo: LTr, 2005, ANAMATRA. Coords. Grijalbo Fernandes Coutinho e Marcos Neves Fava, p. 120.

(81) "Sendo ilíquida a sentença exeqüenda, ordenar-se-á previamente, a sua liquidação, que poderá ser feita por cálculo, por arbitramento ou por artigos".

O procedimento da *liquidação por artigos* é necessário "quando, para determinar o valor da condenação, *houver necessidade de alegar e provar fato novo" (CPC, 608),* não se olvidando, sempre, que na liquidação não se poderá modificar, ou inovar, a sentença que julgou a lide, nem discutir matéria pertinente à causa principal, nos termos do *parágrafo único do art. 879 da CLT* combinado com o *art. 610 do CPC.*

Como observa *Humberto Theodoro Junior*[82],

> "(...) Exata é a afirmação de *Amaral Santos*, de que 'a liquidação se destina a demarcar os limites enunciados na sentença liquidanda'. Nada além do *quantum debeatur.* O fim colimado é apenas e tão somente uma sentença declaratória que, obviamente, não pode assentar-se em fatos ou direitos tendentes a modificar ou inovar a condenação.
>
> A forma de artigos, a ser observada rigorosamente na petição inicial, prende-se à necessidade de forçar o exeqüente a deduzir sua pretensão da maneira mais clara possível, evidenciando, à primeira vista os 'fatos novos' — um em cada artigo — com que intentará fixar o *quantum debeatur*, e, ao mesmo tempo, facilitando à parte contrária e ao juiz aquilatarem da pertinência, ou não, dos mesmos fatos diante da condenação a liquidar (...)".

Uma observação importante deve ser feita nesse ponto e se refere exatamente ao fato de que o Juiz investido da jurisdição trabalhista, consoante o permissivo do *art. 878 da CLT*, somente poderá promover a execução *ex officio*, nas hipóteses em que, não sendo líquida a sentença, poderá tanto se tornar através de simples cálculos ou por arbitramento, posto que em tais situações é possível vislumbrar que poderá impulsionar o processo, mediante a nomeação de Perito ou Contador, independentemente de qualquer providência ou manifestação do credor, sem que, de outra parte, se quebre o *princípio da imparcialidade* do Juiz.

Caso, todavia, se demande uma *liquidação por artigos*, a mesma somente poderá se dar através do impulso e da iniciativa do credor[83], posto que haverá necessidade de se *alegar e provar fato novo.*

---

(82) Processo de Execução, cit., p. 224.

(83) "(...) É certo que a execução de ofício não poderá ser intentada quando a sentença exeqüenda necessitar ser liquidada mediante artigos ou arbitramento, máxime em relação àquela primeira modalidade, onde se abre uma fase que podemos designar de 'cognição incidental'. (...)" TEIXEIRA FILHO, Manoel Antonio. *Liquidação da Sentença...*, cit., p. 55.

De fato, como aqui já se destacou, tal modalidade de liquidação, "(...) é necessária quando a liquidez da sentença trabalhista depender da comprovação de fatos ainda não esclarecidos suficientemente no processo de cognição, de modo a permitir valoração imediata do título condenatório. Instaura-se uma nova investigação fática ou uma atividade cognitiva dentro da execução, cuja extensão será correlata com a dos fatos a investigar. (...).

De forma sintética, pode-se concluir que 'fato novo' *é o de existência já reconhecida pela sentença condenatória, mas de dimensão ainda ignorada*, a ser estabelecida exatamente na fase de liquidação para que a obrigação do devedor possa ser quantificada.

Aplica-se o impulso oficial na liquidação por artigos? Para *José Augusto Rodrigues Pinto* não, como um imperativo circunstancial do método de liquidação, na medida em que o juiz, não sendo parte, não tem domínio dos fatos, muito menos da disponibilidade de sua prova, para armar o contraditório da demanda. (...)"[84].

É certo que a finalidade principal do moderno processo judiciário, assim entendido o instrumental legal previamente estabelecido para possibilitar a solução dos *conflitos de interesses* e dar a cada um o que é seu, é a busca incessante da consecução do binômio *celeridade/efetividade,* já que ao processo não basta apenas ser solucionado rapidamente, urge que efetivamente atinja seu objetivo[85].

Na parte do processo que aqui ora se cogita, seria ideal que todas as sentenças (*os títulos executivos judiciais*) fossem prolatadas já de forma *líquida,* ou seja, que já contivesse e especificasse todos os elementos imprescindíveis para a fixação do *quantum debeatur,* porquanto a *certeza* do credor, em relação ao montante do seu crédito —

---

(84) PIMENTA, José Roberto Freire. *Liquidação de Sentença...,* cit., pp. 600/601.

(85) "(...) No cenário das nações democráticas contemporâneas, no entanto, não é mais possível separar a cognição processual da fase executória. Os sistemas processuais vigentes não concebem a atividade do Estado-juiz exaurida com o epílogo da fase cognitiva do processo. Cognição e execução passam, pois, a ostentar o mesmo caráter público, integrando codificações e estatutos. (...) O anseio da sociedade por uma melhor prestação jurisdicional exige, por isso, considerar que a verdadeira meta do processo é a sua efetividade e não somente o desenrolar de atos formais das partes e do juiz. Não importa a existência de um sistema jurídico que apenas assegure o acesso formal do indivíduo, se não houver uma providência jurisdicional efetiva, rápida e com custos menores. (...)" (CHAVES, Luciano Athayde. "O processo de execução trabalhista e o desafio da efetividade processual". *In Revista de Direito do Trabalho.* Coord. Nelson Mannrich, Ano 28, abril-junho 2002, n. 106, São Paulo: Revista dos Tribunais, p. 97.

e, em contrapartida, a do devedor, quanto ao total da dívida — propiciaria uma execução rápida e desembaraçada, evitando a realização do *procedimento de acertamento*, onde, a prática bem o demonstra, aparecem inúmeras questões que o transformam em fonte inesgotável de incidentes, prolongando em demasia a satisfação do crédito, já então judicialmente reconhecido.

Nem sempre, contudo, é possível determinar já na sentença o efetivo valor devido, seja pela necessidade de consulta a variados documentos (controles de presença, folhas de pagamento, etc.), seja, no mais das vezes, pela complexidade dos cálculos que deverão ser feitos, com acréscimo de juros de mora e cômputo de correção monetária, com diversas alterações determinadas por *planos de ajuste econômico* que grassaram por nosso país nas duas últimas décadas.

Não é ocioso mencionar, de outra quadra, que é dever do juiz prolatar a sentença, acolhendo ou rejeitando, quando o caso, no todo ou em parte, o pedido formulado pelo autor, sendo-lhe vedado proferir sentença ilíquida quando o autor tiver formulado pedido certo (*CPC, 459, parágrafo único*).

A sentença, ainda, deve ser *certa*, mesmo quando decida relação jurídica condicional (*CPC, 460, parágrafo único*).

Não se confundem, entretanto, *sentença ilíquida*, face a indeterminação do *quantum debeatur*, com *sentença nula* por ser *incerta* quanto à efetiva existência do débito, pois,

> "(...) a incerteza que se possa irradiar da sentença exeqüenda liga-se exclusivamente ao montante, ao *quantum* da dívida, situação que exigirá a prática de certos atos antecedentes à execução propriamente dita — e dela, preparatórios — destinados à quantificação do valor a ser exigido do devedor. A esse conjunto de atos dá-se o nome de *'liquidação' — que, em rigor, não é da sentença, e sim da obrigação nela contida.* (...)"[86].

Cabe mencionar, por fim, que a *Lei n. 9.957/00*, que introduziu o *procedimento sumaríssimo nas ações trabalhistas*, ao qual se submetem "os dissídios individuais cujo valor não exceda a quarenta vezes o salário mínimo vigente na data do ajuizamento da reclamação" (*CLT, 852-A*), expressamente determinou que, nas ações enquadradas no procedimento então instituído, "o pedido deverá ser certo ou determinado e *indicará o valor correspondente*".

---

(86) TEIXEIRA FILHO, Manoel Antonio. *Execução...*, cit., pp. 326/327.

O não adimplemento de tal *pressuposto* redundará no arquivamento da reclamatória, com condenação do reclamante no pagamento de custas sobre o valor da causa, consoante adverte o *§ 1º do art. 852-B da CLT.*

1.3.1.3. Princípios Específicos da Execução Trabalhista

Como no processo de conhecimento, a execução trabalhista também é informada por alguns princípios especiais, aos quais, ainda que de forma breve, cumpre fazer referência, visando destacar sua importância na busca de dar efetividade à satisfação do crédito do obreiro, diante de seu caráter alimentar e da incontrastável natureza tutelar do Direito do Trabalho.

O primeiro deles é o *princípio da "despersonalização do empregador"*, que propugna pelo caráter *impessoal* do empregador, no sentido de que no Direito do Trabalho, para fins de estabelecimento de critérios e efeitos jurídicos, pouca relevância têm as características estritamente próprias e distintivas do sujeito passivo da relação de trabalho.

Como ensina *Mauricio Godinho Delgado*[87],

"(...) a pessoalidade, embora seja elemento fático-jurídico atávico à figura do empregado (elemento sem o qual não existirá o empregado, juridicamente), tenderá a ser irrelevante na tipificação da figura do empregador. Na estruturação deste, predomina a impessoalidade, acentuando a lei a despersonalização como marca distintiva do sujeito passivo da relação de emprego. A CLT realça o princípio da despersonalização do empregador ao designá-lo, reiteradas vezes, através da expressão impessoal 'empresa' (...)".

Esse fato pode ser ressaltado pela constatação de que o estatuto consolidado não faz qualquer oposição à alteração subjetiva no pólo passivo do contrato de trabalho, adotando claramente o *princípio* ora em evidência.

Outra não pode ser a conclusão que se extrai dos seguintes dispositivos contidos na *CLT:*

Artigo 2º: "Considera-se empregador a empresa, individual ou coletiva, que, assumindo os riscos da atividade econômica, admite, assalaria e dirige a prestação pessoal de serviços". *(...) § 2º:* "Sempre que uma ou mais empresas, tendo, embora, cada uma delas, personalidade jurídica

(87) *Princípios...*, cit., pp. 66/67.

própria, estiverem sob a direção, controle ou administração de outra, constituindo grupo industrial, comercial ou de qualquer outra atividade econômica, serão, para os efeitos da relação de emprego, solidariamente responsáveis a empresa principal e cada uma das subordinadas";

Artigos 10: "Qualquer alteração na estrutura jurídica da empresa não afetará os direitos adquiridos por seus empregados";

Artigo 448: "A mudança na propriedade ou na estrutura jurídica da empresa não afetará os contratos de trabalho dos respectivos empregados" (88).

Nessa linha,

"(...) Atualmente, o instituto justrabalhista sucessório emerge como instrumento da concretização efetiva da continuidade da relação de emprego em situações de alterações empresariais (internas ou entre empresas). É que, mesmo que haja alteração subjetiva (empregador) a sucessão trabalhista viabiliza a preservação do liame empregatício conforme moldes anteriores, já em face do novo titular da unidade econômico-jurídica.

A sucessão trabalhista exsurge como um dos instrumentos mais expressivos de afirmação da impessoalidade do empregador no contexto da relação empregatícia. (...)"(89).

Amador Paes de Almeida (90) destaca que,

"(...) A natureza protecionista do Direito do Trabalho e a desvinculação do empregado da pessoa física ou jurídica do empregador, com a sua vinculação à empresa, independentemente das alterações na estrutura jurídica desta, foram fatores preponderantes

---

(88) Anote-se, contudo, a manifestação de *Alexandre Couto Silva* (*Aplicação da Desconsideração da Personalidade Jurídica no Direito Brasileiro.* São Paulo: LTr, 1999, p.114), que, após realizar amplo estudo sobre o tema, considera "(...) Esse dispositivo trabalhista (CLT, art. 2º, § 2º) não consagra, portanto, a teoria da desconsideração, mas apenas trata da responsabilidade civil das sociedades coligadas juntamente com a principal, as quais são responsabilizadas solidariamente. Entretanto, os juízes do trabalho, baseados no princípio 'pro operario', com a finalidade de tutelar o trabalhador, para compensar sua inferioridade econômica com a superioridade jurídica, e por ser uma justiça de caráter social, e sensível à realidade econômica, não poderiam deixar antever os desvios que podem ocorrer no instituto da pessoa jurídica, e, com isso, consagrar a aplicação da desconsideração da personalidade para evitar que ocorram injustiças com os trabalhadores. (...)".

(89) SENA, Adriana Goulart de. *A Nova Caracterização da Sucessão Trabalhista.* São Paulo: LTr, 2000, p. 219.

(90) "A despersonalização da empresa e seus reflexos nas garantias dos direitos do trabalhador". *In A Transição do Direito do Trabalho no Brasil — Estudos em homenagem a Eduardo Gabriel Saad.* Coord. Amauri Mascaro Nascimento. São Paulo: LTr, 1999, p. 221.

para a ampla acolhida, pela Justiça do Trabalho, da *disregard doctrine*, pioneiramente proclamada, como já observamos, no art. 2º, § 2º, da Consolidação das Leis do Trabalho. (...)".

A jurisprudência sedimentada direciona no mesmo sentido(91).

Em seus "Comentários", ao tratar dessa *Súmula n. 129 do TST*, *Francisco Antonio de Oliveira*(92), enfatiza que,

"(...) Diante da total falta de técnica, o legislador trabalhista quis dizer que o crédito trabalhista está garantido pelo patrimônio do empregador, pessoa física ou jurídica. (...) A despersonalização do empregador mais se afirma em face dos arts. 10 e 448 da Consolidação. (...).

Em suma, tem-se que o legislador trabalhista procurou fugir ao conceito tradicional do direito civil e comercial de responsabilidade que leva em conta o tipo de sociedade. E isso por uma razão muito simples. A empresa pode ter um enorme patrimônio, mas o capital ser irrisório. (...) O Empregado não participa do jogo de mercado para lucrar ou perder. É um elemento essencial da produção que nunca poderá ser prejudicado. Os créditos trabalhistas têm caráter alimentar e gozam de superprivilégio (art. 186 do Código Tributário Nacional). (...)".

Outro postulado especial da execução trabalhista é o *princípio da alteridade (ou da assunção dos riscos),* que se subsume no fato de o ordenamento jurídico-trabalhista carrear e impor à exclusiva responsabilidade do empregador (em contraponto aos interesses do obreiro no contrato de trabalho) os ônus decorrentes da atividade empresarial. Ou seja, o empregador, e somente ele, assume os *riscos da atividade econômica*.

"A diretriz da assunção dos riscos pelo empregador leva a que não se autorize distribuição de prejuízos ou perdas aos empregados, ainda que verificados reais prejuízos e perdas no âmbito do empreendimento dirigido pelo respectivo empregador. A mesma diretriz conduz à vedação de descontos nos salários do empregado, excetuadas estritas hipóteses jurídicas (art. 462, CLT), confe-

(91) "A prestação de serviços a mais de uma empresa do mesmo grupo econômico, durante a mesma jornada de trabalho, não caracteriza a coexistência de mais de um contrato de trabalho, salvo ajuste em contrário" (*TST, Súmula n. 129*).
(92) *Comentários...*, cit., pp. 351/352.

rindo, assim, certa intangibilidade à contraprestação recebida pelo trabalhador (art. 7º, VI, CF/88), art. 468, CLT) (...)"[(93)].

Esse princípio da "assunção, pelo empregador, dos riscos do negócio", somente sofria mitigação diante do constante nos *arts. 501 e 503 da CLT*, segundo os quais, respectivamente,

> "entende-se como *força maior* todo acontecimento inevitável, em relação à vontade do empregador, e para realização do qual este não concorreu, direta ou indiretamente", e, "*é lícita, em caso de força maior ou prejuízos devidamente comprovados, a redução geral dos salários dos empregados da empresa*, proporcionalmente aos salários de cada um, não podendo, entretanto, ser superior a 25%, respeitado, em qualquer caso, o salário mínimo da região".

A doutrina, contudo, entende que essa *excepcionalidade* não foi, ao menos integralmente, recepcionada pelo *inciso VI do art. 7º da Constituição Federal*, que garante a "irredutibilidade do salário, salvo o disposto em convenção ou acordo coletivo".

Nesse sentido,

> "(...) O quadro delineado nas linhas precedentes sofreu radical transformação com a Constituição Federal promulgada a 5 de outubro de 1988. O inciso VI do seu art. 7º garante a irredutibilidade salarial, salvo se uma convenção ou acordo coletivo dispuser em contrário. Parece-nos que o artigo em estudo (CLT, 503) perdeu validade perante o novo texto constitucional. Este não faz a redução salarial depender deste ou daquele fato ou circunstância. As partes têm ampla liberdade para decidir a respeito da redução de salários dos empregados" (...)[(94)].

Valentin Carrion[(95)], acrescenta que,

> "(...) O art. 503 está revogado tacitamente. (...) a CF de 1988 elevou o princípio de irredutibilidade à hierarquia maior, só permitindo a redução 'em convenção ou acordo coletivo' (art. 7º, VI). Nem a lei poderá autorizá-la, em face do texto expresso. (...)".

Agregue-se em conclusão que, embora o *art. 620 do CPC* estipule expressamente que *a execução deverá ser feita pelo modo menos*

---

(93) Cf. DELGADO, Mauricio Godinho. *Princípios...*, cit., pp. 70/71.

(94) SAAD, Eduardo Gabriel. *CLT Comentada*. 35ª ed. São Paulo: LTr, 2002, p. 358.

(95) *Comentários à Consolidação das Leis do Trabalho — Legislação Complementar — Jurisprudência*. 28ª ed. São Paulo: Saraiva, 2003, pp. 400 e 324.

gravoso para o devedor, alguns doutrinadores sustentam que esse *princípio* deverá sofrer alguns *temperamentos* na sua eventual incidência na *execução trabalhista.*

Confira-se, a propósito, a opinião de *Cláudio Armando Couce de Menezes* [96],

"(...) Consagrado no art. 620 do CPC, o princípio da execução econômica ou do *favor debitoris* é de importância capital no processo civil, pois tem em mira resguardar o devedor — inequivocamente a parte mais fraca e desfavorecida — dos caprichos, quando não da má-fé do exeqüente.

Todavia, enquanto no processo civil o executado encontra-se em posição assaz desconfortável, no processo do trabalho a coisa se passa diversamente.

É o trabalhador, mesmo que exeqüente, quem está em situação de necessidade, pois sua inferioridade econômica não lhe permite aguardar por longos anos o trâmite normal do processo. Assim, não cabe perquirir se a execução pode ser feita de forma menos onerosa ao empregador executado. Mas, sim como fazê-la de maneira a torná-la mais rápida, célere e efetiva, evitando manobras do devedor destinadas a impedir ou protelar a satisfação do crédito obreiro.

Portanto, assiste razão àqueles que afastam a incidência do princípio da execução mais benéfica ao devedor executado, ou mitigam o seu campo de atuação, atentos à realidade da relação material e processual entre o exeqüente hipossuficiente e o empregador, devedor relapso e, não raro, contumaz. (...)".

(96) *Teoria Geral...*, cit., pp. 171/172.

CAPÍTULO 2

ANOTAÇÕES SOBRE PRESCRIÇÃO

As noções básicas expostas no Capítulo anterior, serviram para fixar alguns conceitos jurídicos, que deverão ser levados em conta na análise do tema central, além de serem aptos a fornecer o necessário suporte para as conclusões que serão extraídas.

Cumpre agora enfocar o objeto principal deste estudo, o instituto jurídico da *prescrição*, através da apreciação de seu conceito, fundamentos e aplicabilidade, seja, em linhas gerais, na órbita do direito civil, seja, especificamente, no campo do direito do trabalho, para, nos Capítulos seguintes, verificar seu efetivo alcance e incidência na *execução judicial trabalhista*.

A *prescrição* está diretamente ligada à *passagem do tempo*, entendida esta em seu sentido mais prosaico, ou seja, através da sucessão dos dias, meses e anos. Na seara jurídica, o transcurso do *tempo* exerce influência fundamental na vida em sociedade; na existência e na exigibilidade judicial dos direitos, podendo redundar na aquisição ou na perda deles.

No primeiro caso pode ocorrer o que se denomina *prescrição aquisitiva,* (também conhecida como *positiva*, cujo exemplo clássico é o *usucapião*[(1)]), e da qual aqui não se tratará.

Na segunda hipótese ocorre o que se chama *prescrição extintiva* (também conhecida como *negativa* ou *liberatória*), que se relaciona com a perda de direitos pelo não exercício da ação correspondente no prazo devido, que é a que toca particularmente aos fins aqui pretendidos[(2)].

---

(1) Código Civil Brasileiro, art. 1.238: "Aquele que, por quinze anos, sem interrupção, nem oposição, possuir como seu um imóvel, adquire-lhe a propriedade, independentemente de título e boa-fé, podendo requerer ao juiz que assim o declare por sentença, a qual servirá de título para o registro no Cartório de Registro de Imóveis". *Vide* também arts. 1.239 e ss. do Código Civil; Lei n. 6.969, de 10 de dezembro de 1981, etc.

(2) "(...) Inevitável, pois, que o tempo também seja considerado juridicamente. A prescrição, a decadência e a irretroatividade da norma jurídica são exemplos da importância jurídica

Portanto a *prescrição*, juridicamente considerada, refere-se aos efeitos produzidos nas relações jurídicas pelo decurso do tempo. Na modalidade extintiva, junge-se à perda da possibilidade de postular em juízo, de maneira exitosa, a reparação de um direito violado através do manejo da ação competente.

Em verdade, contudo, a coisa não se dá assim de maneira tão simples, pois, como mais à frente se terá oportunidade de verificar de forma mais delongada, a *prescrição* é um instituto jurídico *complexo*, que demanda, para caracterização de sua ocorrência e para a produção dos efeitos que a lei expressamente estabelece, o concurso de três fatores: *a) o transcurso do lapso temporal previsto em lei; b) a inércia (ou negligência) do titular do direito, e, c) o interesse do beneficiário na sua decretação em juízo*(3).

Mesmo que o espaço de tempo legalmente previsto transcorra (ou esteja transcorrendo), se o titular do direito foi *diligente* na sua *preservação*, ou seja, se praticou atos aos quais a lei reconhece aptidão para obstar os efeitos da 'prescrição', não haverá possibilidade da sua decretação.

Além disso, mesmo que o *tempo passe*, e mesmo que o titular do direito seja negligente na sua conservação, ainda assim, se for aforada pretensão judicial tendente a invocá-lo, a decretação da prescrição somente ocorrerá se o beneficiário dela a argüir de forma expressa, requerendo sua aplicação ao caso concreto.

Resta claro no entanto que, a partir da vigência da Lei n. 11.280, de 16 de fevereiro de 2006, com *vacatio legis* de 90 (noventa) dias, a prescrição passou a poder ser pronunciada "de ofício" pelo Juízo, ressalvada a hipótese de "renúncia expressa" por parte do beneficiário na sua decretação.

Destarte, embora anteriormente o Juízo não pudesse reconhecer a ocorrência da prescrição sem que houvesse requerimento expresso, no tempo oportuno e na forma em que a lei preconizava, presente-

---

do tempo. O tempo não passa. O que passa são os seres, os fenômenos, as coisas, os direitos e as obrigações. O tempo possibilita qualquer processo, que nele se desenrola, e sendo jurídico, a criação de direitos e obrigações, sendo exemplo o usucapião, como a sua eliminação, pela prescrição de que se está cuidando, pela decadência e pela preclusão processual. (...)" (CATHARINO, José Martins. "A prescrição extintiva de direito do trabalhador urbano". *In Revista da Academia Nacional de Direito do Trabalho*, ano VII, n. 7 — Remuneração e outros temas, São Paulo: LTr, 1999, p. 74.

(3) Nesse passo, de rigor salientar que o art. 3º da recente Lei n. 11.280, de 16 de fevereiro de 2006, deu nova redação ao § 5º do art. 219 do CPC, a saber: "O Juiz pronunciará, de ofício, a prescrição".

mente a situação se inverteu, podendo a presrição ser decretada mesmo "de ofício" pelo Juiz, salvo, como já dito, "renúncia expressa" do *prescribente.*

A esse propósito também urge mencionar que a novel Lei n. 11.280/06 expressamente revogou o art. 194 do atual Código Civil, que editava: "O Juiz não pode suprir, de ofício, a alegação de prescrição, salvo se favorecer a absolutamente incapaz".

É claro, por fim, que o *direito de ação*, em sim mesmo considerado, não *prescreve,* pura e simplemente. Sua *exigibilidade* sim, mas desde que não haja renúncia expressa por parte do *prescribente*, nem a *prescrição* seja pronunciada de ofício pelo Juízo.

2.1. Conceito

Embora em um primeiro momento possa se entender que a 'prescrição' afigura-se como um instituto iníquo, gerador de injustiças, posto acarretar a *perda* de um *direito reconhecido*, tal assim não ocorre. Ou, ao menos, não deve ser avaliada de modo tão singelo, visto concorrerem na situação outros valores aos quais o sistema jurídico, inclusive, atribui significância preponderante.

Primeiramente, não se está diante de uma circunstância que, abruptamente e sem maiores cautelas, despoje o titular de seu direito, tornando letra morta o que o ordenamento jurídico assegurou, ou, retirando a eficácia de um direito arduamente conquistado.

Não é disso que se trata, pois o objetivo da *prescrição* não é *prejudicar* o titular do direito, nem, muito menos, ficar à *espreita* para, de inopino, trazer a insegurança ao mundo jurídico, modificando e alterando o *status quo* de forma maléfica e insopitada.

Absolutamente, assim não pode ser entendida. Os prazos para verificação da *prescrição* são relativamente *dilatados,* não havendo prazo de prescrição que seja curto o suficiente para que o titular seja surpreendido, e não haja tempo para a prática de atos de conservação de seu direito.

Além do mais, o simples curso do prazo não acarreta, de per si, a ocorrência da prescrição. Mister se faça presente a inércia do titular, ou seja, que reste caracterizado o total *desinteresse* pelo direito concretizado em determinada relação jurídica. Diga-se, aliás, que o ponto fulcral para a decretação da prescrição é a evidenciação da total negligência do titular do direito em relação a seu exercício.

Ou seja, em qualquer hipótese (principalmente no campo trabalhista, como se terá oportunidade de verificar) não há a possibilidade de decretação da prescrição quando o titular atua de modo a promover os atos necessários para a conservação do direito, e não o abandone a sua própria sorte.

O que o ordenamento jurídico pressupõe é que a prolongada inércia decorreu de manifesto desinteresse. Se não há inércia, ou ocorrem fatores impeditivos legalmente reconhecidos[4], não há que se falar em prescrição.

E se assim, incontroversamente, é o que se passa, não parece ser razoável que o sistema jurídico mantenha em suspenso, indefinidamente, a possibilidade do exercício de determinado direito, principalmente diante da constatação do manifesto *desinteresse* por parte de seu titular.

A segurança jurídica[5]; a pacificação dos conflitos sociais; a tranqüilidade e a estabilização das relações jurídicas; a erradicação da incerteza; a harmonia do convívio entre os sujeitos sociais; o interesse público, entre outros fatores, fazem com que a *prescrição*, contrariamente ao que parece em uma apreciação superficial, configure instituto jurídico dos mais úteis e salutares, visto que os citados valores que ela intenta prestigiar afiguram-se mais importantes que a perduração e manutenção indefinida, dilatada no tempo, do interesse particular[6].

---

(4) "(...) O Código Civil trata de diversas causas impeditivas e suspensivas da prescrição (art. 197 e 198), as quais são aplicáveis ao Direito do Trabalho (art. 8º, CLT), sofrendo contudo, algumas adaptações. (...) Também é causa impeditiva da prescrição a ausência do titular do direito do Brasil, em serviço público da União, Estados e Municípios. (...) A submissão do litígio trabalhista à Comissão de Conciliação Prévia é causa de suspensão do prazo prescricional (art. 625-G, CLT). (...)" (JORGE NETO, Francisco Ferreira & PESSOA CAVALCANTE, Jouberto de Quadros. *A Decadência e a Prescrição no Direito do Trabalho.* Rio de Janeiro: Lúmen Júris, 2003, pp. 54 e 59.

(5) "(...) Destas afirmativas se pode subtrair a real natureza da prescrição : ela visa à certeza das relações jurídicas e à estabilidade do próprio sistema normativo, pela limitação do exercício dos direitos subjetivos em virtude do decurso do tempo. (...)" (SILVA, Antonio Álvares da. *Prescrição Trabalhista na Nova Constituição* — Estudo Sistematizado do art. 7º, XXIX, 1ª ed. Rio de Janeiro: Aide, 1990, p. 43.

(6) A própria *CLT* estabelece que, "As autoridades administrativas e a Justiça do Trabalho, na falta de disposições legais ou contratuais, decidirão, conforme o caso, pela jurisprudência, por analogia, por equidade e outros princípios e normas gerais de direito, principalmente do direito do trabalho, e, ainda, de acordo com os usos e costumes, o direito comparado, *mas sempre de maneira que nenhum interesse de classe ou particular prevaleça sobre o interesse público" (art. 8º).*

O que está em jogo, efetivamente, é a preservação da segurança da ordem jurídica e do interesse coletivo no estabelecimento de solução, final e definitiva, para as relações jurídicas controvertidas, visando que as mesmas não restem pendentes *para todo o sempre*, remanescendo insepultas como os cidadãos de "Antares", no clássico romance de *Érico Veríssimo*.

Outras não são as conclusões que se extraem dos ensinamentos da doutrina especializada, inobstante a variedade de formulações utilizadas para a conceituação de tal instituto jurídico. Confira-se, ilustrativamente:

> "(...) A prescrição configura-se pela perda do direito em decorrência de seu não exercício durante certo tempo. (...) O direito pode ser exercido pacificamente — e normalmente o é. Quando há resistência ao seu exercício, indispensável é removê-la e, se o titular descura no sentido de remover a resistência, acaba perdendo o direito pela ocorrência da prescrição.
>
> A propositura da ação, como direito à tutela jurídica, constitui direito cívico, faculdade abstrata, conferida a qualquer do povo (*quisque de populo*) de valer-se do Poder Judiciário para proclamação da existência ou da não-existência de um direito pretendido (*Anspruch, pretesa*).
>
> O direito à ação, como direito à tutela jurídica, é imprescritível: prescreve o direito postulado, mas não a postulação. Não há ação prescrita no rigor processual: o autor tem sempre direito a uma sentença, embora a sentença venha a reconhecer que o direito postulado está prescrito, o que, na linguagem corrente, se manifesta declarando que a 'ação' está prescrita, ou seja, que o direito postulado não subsiste pelo decurso do tempo de seu exercício (...)"(7).
>
> "(...) Como ensina *Carvalho Santos*, prescrição é 'um modo de extinguir os direitos pela perda da ação que os assegurava, devido à inércia do credor durante um decurso de tempo determinado pela lei e que só produz seus efeitos, em regra, quando invocada por quem dela se aproveita".
>
> Como a prescrição deve ser argüida na defesa apresentada pelo demandado, portanto depois de iniciado o processo e exercitado

---

(7) CAMPOS BATALHA, Wilson de Souza & RODRIGUES NETTO, Silvia M. L. Batalha, *in Prescrição e Decadência no Direito do Trabalho.* 2ª ed. São Paulo: LTr, 1998, p. 21.

o direito de ação pelo demandante, há um outro conceito segundo o qual a prescrição não afeta o direito de ação, já que seu reconhecimento se dá depois do seu exercício.

Afeta, isso sim, a exigibilidade do direito perante o órgão judicial. Nesse caso, prescrição é forma de extinção de um direito, mas não do direito de ação, e sim da exigibilidade da pretensão deduzida em juízo, conceito que parece explicar melhor a sua exata concepção. (...)"[(8)].

Alice Monteiro de Barros[(9)] menciona que,

"(...) *Câmara Leal* conceitua a prescrição como 'a extinção de uma ação ajuizável (*actio nata*), em virtude da inércia continuada de seu titular durante certo lapso de tempo, na ausência de causas preclusivas de seu curso'. A todo direito corresponde uma ação que o assegura (art. 75, do Código Civil). Logo, se um direito é violado, seu titular tem um prazo previsto em lei, para propor, judicialmente, ação visando seu restabelecimento. Se não o faz, extingue-se a ação, tornando-se inoperante o direito. (...)".

No entanto, obtempera *Ari Pedro Lorenzetti*[(10)] que,

"(...) Na era do processualismo científico, tal concepção já não pode prevalecer, devendo ser dada outra denominação a essa característica ou qualidade do direito que permite ao seu titular fazê-lo valer ante os demais.

A doutrina moderna, por isso, denomina exigibilidade à autorização legal conferida ao titular de buscar a reparação judicial, quando seu direito for lesado. O direito de exigir de outrem uma ação ou omissão também se denomina 'pretensão'. Portanto, o objeto da prescrição é a 'pretensão' ou a exigibilidade inerente ao crédito. (...).

Não se pode dizer que a ação, no sentido processual, esteja sujeita à prescrição, por se tratar de direito subjetivo abstrato e autônomo, que independe da existência do direito material invocado. (...)".

A magistrada *Ilse Marcelina Bernardi Lora*[(11)], após analisar diversos posicionamentos, conclui que,

---

(8) NASCIMENTO, Amauri Mascaro. *Curso de Direito Processual do Trabalho*, cit., p. 276.

(9) Cf. "Aspectos Jurisprudenciais da Prescrição Trabalhista", *in Curso de Direito do Trabalho — Estudos em Memória de Célio Goyatá*. Coord. Alice Monteiro de Barros. Vol. 1. São Paulo: LTr 1993, p. 169.

(10) *A Prescrição no Direito do Trabalho*. São Paulo: LTr, 1999, pp. 18/19.

(11) *A Prescrição no Direito do Trabalho* — Teoria Geral e Questões Polêmicas. São Paulo: LTr, 2001, p. 20 (sem grifos no original).

"(...) A prescrição, desta forma, não extingue o direito, tampouco a pretensão ou a ação, mas apenas encobre a eficácia. O direito subsiste, mas não pode ser exigido. Tanto explica o fato de não ser possível àquele que pagou dívida prescrita exigir a restituição. Embora o crédito estivesse destituído de exigibilidade, persistia o direito. *A prescrição que beneficia o devedor não afasta a sua obrigação de pagar, mas apenas despoja o credor do direito de cobrar o crédito* (...)".

São precisos os ensinamentos de *Maria Helena Diniz*[(12)]:

"(...) O que caracteriza a prescrição é que ela visa a extinguir uma ação, mas não o direito propriamente dito. *Clóvis* esclarece que não é a falta de exercício do direito que lhe tira o vigor, pois o direito pode conservar-se inativo por longo tempo, sem perder sua eficácia.

O não-uso da ação é que lhe atrofia a capacidade de reagir. Assim, havendo prescrição, há desoneração do devedor ante a negligência do credor em não propor ação de cobrança de dívida dentro do prazo estabelecido em lei, reclamando seu direito: porém tal fato não anula a obrigação do devedor, já que será válido o pagamento voluntário de dívida prescrita, cuja restituição não poderá ser reclamada. (...)[(13)]".

De todo o acima longamente exposto extrai-se que *a causa eficiente da prescrição é a inércia do titular do direito, sendo o tempo seu fator operante*, de tal sorte que, do ponto de vista do devedor, a prescrição é o direito de recusar o cumprimento da prestação em face da inércia do credor em exigi-lo[(14)].

Assim, como se verifica, para que os direitos possam ser *afirmados,* para que adquiram concretude e eficácia no meio social, mister que sejam efetivamente *exercitados* dentro das condições fixadas pelo

---

(12) *Curso de Direito Civil Brasileiro.* 12ª ed. Vol. I, São Paulo: Saraiva, 1996, p. 246, *apud* JORGE NETO, Francisco Ferreira & PESSOA CAVALCANTE, Jouberto de Quadros. *A Decadência e a Prescrição no Direito do Trabalho,* cit., p. 6.

(13) Confira-se, bem a esse propósito, o *art. 882 do Código Civil,* "Não se pode repetir o que se pagou para solver dívida prescrita, ou cumprir obrigação judicialmente inexigível".

(14) "(...) Assim, podemos dizer que a prescrição é o direito que alguém adquire, em face da inércia do titular de uma pretensão resistida, por um período de tempo fixado em lei, de legitimamente se opor à afirmação do direito. (...)", cf. BASSO, Guilherme Mastrichi ("Prescrição", *Revista do Ministério Público do Trabalho,* v. 2 n. 4. set. 1992, p. 110*)* *apud* LORENZETTI, Ari Pedro. *A Prescrição no Direito do Trabalho,* cit., p. 22.

ordenamento jurídico, inclusive no que tange ao prazo respectivo, devendo esse exercício, como diz *Ísis de Almeida*[15], ser estimulado, "(...) sob pena de se verificar uma situação de expectativa que impede o próprio desenvolvimento social, tornando-se, pois, de interesse público e até mesmo de ordem pública a advertência que passa a ser expressa pela ameaça da perda do direito de ação, pelo decurso de certo prazo (...)".

Desse modo, caso os direitos não sejam exercidos no tempo oportuno, o ordenamento jurídico lança sobre eles o manto da *prescrição* para que a intranqüilidade e a incerteza possam ser removidas do convívio coletivo, preservando-se a segurança jurídica[16], pois, "(...) os direitos não existem para permanecer inertes, para viver abstratamente; existem, sim, para ser exercidos, em proveito do titular, de outrem ou da coletividade (...)"[17].

2.2. Fundamentos da Prescrição

Como é sabido, o instituto jurídico da *prescrição* remonta ao direito romano, e sua fundamentação, desde épocas imemoriais, foi objeto de diversas concepções e acirrados debates, até porque, como aqui já enfatizado, em um primeiro momento, pode parecer que representa uma benesse para aquele que não cumpre uma obrigação, ou, por outra, que afronta um direito alheio.

Assim não é, contudo, vez que, nos tempos que correm, é praticamente unânime a concepção de que, embora com alguns sacrifícios, o acolhimento pelos ordenamentos jurídicos de regras *prescricionais,* é medida extremamente útil e salutar, na busca incessante da estabilidade das relações sociais e da tão almejada *segurança jurídica*[18].

---

(15) *Manual da Prescrição...*, cit., p. 18.

(16) "(...) A ordem pública exige segurança. O interesse social determina um termo à exigibilidade da obrigação. Não fosse assim, estaria o devedor constrangido a guardar, indefinidamente, a prova do pagamento ou da inexistência da dívida, sem saber quando poderia o credor tentar fazer valer seu direito. Tanto representa custo econômico, psíquico e determina considerável perturbação social, que deve ser combatida pelo direito, que busca incessantemente a harmonia e o equilíbrio. (...)" (BERNARDI LORA, Ilse Marcelina. *A Prescrição...*, cit., p. 22).

(17) RÁO, Vicente. *O Direito e a Vida dos Direitos*. São Paulo: Revista dos Tribunais, 1999, 5ª ed. anotada e atualizada por Ovídio Rocha Barros Sandoval, p. 782.

(18) "(...) A prescrição extingue a exigibilidade do direito, apaga a eficácia da ação ou da pretensão. (...) Serve à paz social e à segurança jurídica, pilares sobre os quais se assenta a ordem pública. Embora a ação constitua meio posto à disposição do titular do

A propósito, relembra *Ari Pedro Lorenzetti*[19],

"(...) Dentre todos os institutos jurídicos, o da prescrição foi provavelmente o que mais se prestou às especulações filosóficas. Já na antiguidade, divergiam a seu respeito os pontos de vista. (...).

Atualmente, apenas entre as pessoas menos versadas em Direito é que persiste a concepção de que se trata de instituto injusto e imoral. Entre os estudiosos da ciência jurídica contemporâneos, não se questiona quanto a sua necessidade, embora haja divergências na apresentação de suas justificativas quanto à sua melhor disciplina. Isso, entretanto, bem observou *Câmara Leal*, longe de reforçar as teses moralistas que a combatem, evidencia a procedência e utilidade do instituto. (...)".

O eminente jurista *Ísis de Almeida*, embora defenda de forma apaixonada que, no Direito do Trabalho a prescrição poderia até ser considerada *desumana* em relação ao trabalhador, por ser espoliado de um *direito alimentar* — o salário (*tanto mais por não usufruir daquela reciprocidade da relação jurídica civil, na qual o passar do tempo não só extingue o direito, mas, também, pode proporcionar a aquisição de um bem, mesmo quando não se tem a posse por um título legal, como é o caso do 'usucapião'*)[20], reconhece, ao final, que:

"(...) Assim, tanto o socialismo como o capitalismo, convergente quando se adentra o terreno econômico, na análise dos investimentos nos instrumentos (ou meios) de produção, ambos têm necessidade de tranqüilidade e estabilidade jurídico-social, que constituem o objeto da prescrição trabalhista, suprimindo, da ordem jurídica, as ações imprescritíveis, a fim de poder a empresa planejar seus empreendimentos dentro de orçamentos expurgados de dúvidas, acerca de possíveis débitos há longo prazo vencidos.

Só assim seriam estipulados novos investimentos, reduzidos os custos de produção para maior competitividade no mercado, com o objetivo final de maior desenvolvimento econômico e, portanto, na consecução de maior número e melhor qualidade de empre-

---

direito violado ou ameaçado de violação para restabelecer a harmonia perturbada pela ofensa ao direito, a ausência de limitação para o exercício de tal direito causaria gravames maiores do que o desequilíbrio gerado pelo inadimplemento do devedor. (...)" (BERNARDI LORA, Ilse Marcelina. *A Prescrição...*, cit., pp. 23/25.

(19) *A Prescrição no Direito do Trabalho*, cit., p. 37.

(20) *Manual da Prescrição...*, cit., p. 19.

gos. A classe trabalhadora acabaria por ser beneficiada, naturalmente. (...)"[21].

No dizer de *Arion Sayão Romita*[22],

"(...) No Direito do Trabalho a prescrição tem contra si o fato de beneficiar a parte mais forte na relação jurídica de trabalho. Entretanto, cabe lembrar que, de acordo com o disposto no art. 8º da CLT, nenhum interesse de classe ou particular deve prevalecer sobre o interesse público. E o interesse público repudia ações imprescritíveis no campo das relações de trabalho".

Nessa ordem de idéias, resta consignar que a doutrina relaciona três linhas básicas de justificativas para o acolhimento da *prescrição*, embora não sejam excludentes entre si, resumidas a seguir[23]:

a) *castigo à negligência:* "A inércia do titular é um mal social, pois permite que persista um direito violado, ou seja, um estado antijurídico; daí que o mal imposto pela prescrição ao credor negligente é, efetivamente, uma repressão ao descumprimento de um dever social" (*Câmara Leal*).

b) *presunção de pagamento ou perdão da dívida:* "A proteção, que se contém nas regras jurídicas sobre prescrição, corresponde à experiência humana de ser pouco provável a existência de direitos, ou ainda existirem direitos, que por longo tempo não foram invocados" (*Pontes de Miranda*).

c) *regra de segurança e paz social:* "Os prazos prescricionais servem à paz social e à segurança jurídica. Não destroem o direito, que é; não cancelam, não apagam pretensões; apenas, encobrindo a eficácia da pretensão, atendem à conveniência de que não perdure por demasiado tempo a exigibilidade ou a acionabilidade" (*Brenno Fischer*).

Diante da extrema relevância dos valores invocados à guisa de fundamento, tanto no que tange ao acolhimento genérico da regra prescricional, como em relação a sua mitigação em determinados casos, afigura-se francamente pertinente a observação no sentido de que,

"(...) A prescrição requer tratamento excepcional quando confrontada com o direito do trabalho. Dada a natureza dos interesses

(21) *Manual da Prescrição...*, cit., pp. 25.
(22) *Os Direitos Sociais na Constituição e outros Estudos.* São Paulo: LTr, 1991, p. 151.
(23) Cf. explanação de LORENZETTI, Ari Pedro. *A Prescrição...*, cit., pp. 37/44.

tutelados, lida-se com valores considerados relevantes para toda a coletividade e não meramente para o trabalhador titular.

A condição de inferioridade vivida pelo trabalhador em confronto com o empregador, simultaneamente com a necessidade de se realizar em tempo relativamente curto a certeza sobre as normas e condições de trabalho, *reclamam que o instituto da prescrição tenha um tratamento próprio neste campo, capaz de atender simultaneamente as duas exigências (proteção ao trabalhador e segurança à sociedade).* No equilíbrio desses dois valores, residem os maiores desafios. (...)"(24).

Embora totalmente procedentes essas afirmativas, o fato é que nosso direito trabalhista positivado sempre prestigiou e acolheu norma estabelecendo *prazo de prescrição* para ajuizamento de ação tendente a invocar direito eventualmente lesado durante o pacto laboral, como se retratará no *item 2.4. infra.*

Cite-se neste momento, à guisa de exemplo contemporâneo, que a *Emenda Constitucional n. 28, de 25 de maio de 2000,* alterou o *inciso XXIX do Artigo 7º da Constituição Federal,* equiparando o *prazo de prescrição* do trabalhador rural ao do trabalhador urbano.

Essa *Emenda,* como se sabe, significou uma alteração profunda na sistemática da *prescrição dos direitos trabalhistas do empregado rural,* reduzindo o prazo de abrangência de eventual reclamação trabalhista, para cinco anos, contados retroativamente da data do aforamento da lide.

Anteriormente, a *letra b do inciso XXIX do art. 7º da Carta Magna,* estabelecia, nessa situação, apenas o limite do prazo de até dois anos da ruptura contratual. Mas, ajuizada a ação, o respectivo prazo de perquirição abrangia todo o período do contrato de trabalho.

Diante das circunstâncias e da realidade fática vivenciada pelo trabalhador rural, principalmente nos recantos mais longínquos de nosso país, parece claro que *a emenda ficou pior que o soneto,* pois materializa inegável retrocesso.

Todavia, vista sob outro ângulo, não se pode negar que a inovação se caracterizou por *aumento do prestígio* da regra prescricional no seio de nosso ordenamento jurídico positivo, uma vez que houve uma *ampliação* de seu espectro de incidência, revelando, à luz da atividade

---

(24) MATEUS DA SILVA, Homero Batista. *Estudo Crítico da Prescrição Trabalhista.* São Paulo: LTr, 2004, p. 83 (sem grifos no original).

legislativa desenvolvida pelos representantes do povo, o valor jurídico atribuído aos fundamentos ideológicos adotados para acolhimento de regra normativa dessa natureza.

Em vista desse quadro e do inegável confronto de idéias, valores e fundamentos, de rigor concluir com a seguinte advertência:

> "(...) Que o instituto da prescrição é útil e necessário ninguém duvida hoje, tanto que se faz presente em todas as legislações dos povos modernos. *O que não se pode perder de vista, no entanto, é que sua regulamentação visa exatamente a corrigir as iniqüidades que possa gerar, o que exige que sua aplicação seja criteriosa.* (...)"(25).

2.3. A Disciplina da Prescrição no Código Civil

Como já dito anteriormente, o direito comum é fonte subsidiária do direito do trabalho, naquilo em que não for incompatível com seus princípios fundamentais (CLT, 8º, parágrafo único).

Desse modo, cumpre mencionar o tratamento dado à *prescrição* por nosso ordenamento civil substantivo, especialmente em face da *Lei n. 10.406, de 10 de janeiro de 2002*, que instituiu novo Código Civil, no quanto, ao menos potencialmente, aplicável ao Direito do Trabalho, a saber:

1) "Violado o direito, nasce para o titular a pretensão, a qual se extingue, pela prescrição, nos prazos a que aludem os arts. 205 e 206" (CC, 189);

2) "A renúncia da prescrição pode ser expressa ou tácita, e só valerá, sendo feita, sem prejuízo de terceiro, depois que a prescrição se consumar; tácita é a renúncia quando se presume de fatos do interessado, incompatíveis com a prescrição" (CC, 191);

3) "A prescrição pode ser alegada em qualquer grau de jurisdição, pela parte a quem aproveita" (CC, 193).

Vale o registro de que, no regime anterior, cujo dispositivo é praticamente repetido pelo código atual(26), o entendimento jurisprudencial assentado era no sentido de que a alegação de *prescrição* poderia ser

(25) LORENZETTI, Ari Pedro. *A Prescrição...*, cit., p. 45 (sem grifos no original).

(26) Correspondente ao *Artigo 162 do Código Civil de 1916*, que tinha a seguinte redação: "A prescrição pode ser alegada, em qualquer instância, pela parte a quem aproveita".

feita somente até a apresentação das *razões de apelação* (de *recurso ordinário*, no processo trabalhista), ou seja, na *instância ordinária*, vez que para os recursos de índole extraordinária, para os tribunais superiores, haveria o insuperável requisito do *prequestionamento*[(27)], manifestamente inexistente na hipótese ora ventilada[(28)].

No âmbito do Tribunal Superior do Trabalho a matéria é objeto de sua *Súmula n. 153*, "não se conhece de prescrição não argüida na instância ordinária"[(29)].

Anote-se também a *Súmula n. 297 do TST*, que dispõe: "Diz-se prequestionada a matéria quando na decisão impugnada haja sido adotada, explicitamente, tese a respeito. Incumbe à parte interessada interpor embargos declaratórios objetivando o pronunciamento sobre o tema, sob pena de preclusão".

Veja-se que nossa lei adjetiva civil explicita que, "Depois da contestação, só é lícito deduzir novas alegações quando: III — por expressa autorização legal, puderem ser formuladas em qualquer tempo e juízo" (*CPC, 303, III*).

Essa possibilidade de argüição da *prescrição* após a contestação, e mesmo depois de prolatada a sentença de mérito — observado o prazo recursal, obviamente —, não é aceita sem críticas por parte da doutrina especializada, como não poderia deixar de ser, uma vez que como regra, apresentada a contestação resta configurada a *litiscontestatio*, vinculando o pedido, a defesa, e as respectivas causas de pedir, não podendo mais ser alterada, salvo concordância das partes, antes do saneamento do processo (*CPC, 264*).

---

(27) "(...) Origina-se essa exigência, já tradicional no Direito pátrio, na sistemática judicial norte-americana, com a Lei Judiciária ('Judiciary Act') de 24 de setembro de 1789. Exige-se que a questão constitucional tenha sido objeto de análise e decisão pelos Tribunais estaduais.
Estabelece a Súmula n. 282 do STF: 'É inadmissível o recurso extraordinário, quando não ventilada, na decisão recorrida, a questão federal suscitada', e, ainda, na Súmula n. 356 do mesmo STF: 'O ponto omisso da decisão, sobre o qual não foram opostos embargos declaratórios, não pode ser objeto de recurso extraordinário, por faltar o requisito do prequestionamento'". (TAVARES, André Ramos. *Curso...*, cit., pp. 292/293).
(28) A *Súmula n. 98 do STJ* edita o seguinte: "Embargos de declaração manifestados com notório propósito de prequestionamento não tem caráter protelatório".
(29) "(...) A instância referida é a ordinária, isto porque, na extraordinária, faz-se necessário o concurso do requisito prequestionamento, ou seja, a adoção de tese sobre a matéria, quando do julgamento anterior. Impossível é falar-se em divergência jurisprudencial, ou em violação a preceito de lei, se o julgador sequer adotou tese acerca do ponto questionado. (...)". (FARIAS DE MELLO, Marco Aurélio Mendes de, "Prescrição: Momento propício à articulação". *In Revista LTr*, São Paulo, vol. 49, n. 8, agosto de 1985, p. 910.

A título ilustrativo, confira-se as seguintes discordâncias em relação ao direcionamento dado pelo art. 193 do atual Código Civil (*CC 1916, art. 162*), coadjuvado pela norma processual acima referida (*CPC, 303, III*):

"(...) *Data venia*, não podemos deixar de assinalar que, como exceção que é, a prescrição deveria sempre ser alegada como preliminar da defesa, ficando, daí em diante, preclusa a sua argüição. Pelo menos, no processo trabalhista, em que predominam, como já mencionamos, as preclusões de fase, em obediência, também, aos princípios da oralidade e da concentração dos atos processuais. (...)[30].

E,

"(...) Na redação do dispositivo em questão deixou escapar o legislador oportunidade ímpar de corrigir o equívoco de se permitir a alegação da prescrição após a contestação. Trata-se de solução que atenta contra a economia e celeridade processuais, conforme já demonstrado por nós em outra oportunidade. Por outro lado, a nova redação apenas reforça o equívoco quanto à natureza da alegação de prescrição. Não se trata de mera questão de direito, senão de fato, qual seja, inércia do credor pelo tempo previsto em lei. (...)"[31].

4) "O juiz não pode suprir, de ofício, a alegação de prescrição, salvo se favorecer a absolutamente incapaz" (CC, 194).

Importa aqui o registro no sentido de que este citado art. 194 do Código Civil de 2002 veio a alterar a sistemática que até então vigorava, posto que, por sua redação, a decretação da prescrição *ex officio* somente poderia ocorrer se beneficiasse pessoa *absolutamente incapaz*.

Anteriormente[32], esse tipo de decretação, *de ofício*, poderia ocorrer em relação aos *direitos não patrimoniais,* conforme, aliás, a previsão do *§ 5º do art. 219 do CPC*, segundo a qual, "Não se tratando de direitos patrimoniais, o juiz poderá, de ofício, conhecer da prescrição e decretá-la de imediato".

---

(30) ALMEIDA, Ísis de. *Manual da Prescrição...*, cit., p. 84.

(31) LORENZETTI, Ari Pedro. "A Prescrição Trabalhista e o Novo Código Civil". *In O Trabalho em Revista.* Encarte de DOUTRINA 'O TRABALHO', Fascículo n. 87, maio de 2004, p. 2.114.

(32) Essa era a dicção do *art. 166 do Código Civil de 1916*: "O juiz não pode conhecer da prescrição de direitos patrimoniais, se não foi invocada pelas partes".

Essa regra processual, ao que tudo indica, restou superada pelo atual art. 194 do Código Civil de 2002, já que, a partir de sua vigência, a prescrição somente poderá ser declarada por provocação da parte interessada. A exceção fica por conta dos direitos dos absolutamente incapazes, quando poderá ser decretada de ofício pelo juiz.

Todavia, inobstante o curto período de vigência de nossa nova lei civil substantiva, cabe salientar que a sistemática aqui enfocada veio de ser novamente alterada pela *Lei n. 11.280, de 16 de fevereiro de 2006*, que por seu *art. 3º* deu nova redação ao *§ 5º do art. 219* do Código de Processo Civil, que passou a prever: *O juiz pronunciará, de ofício, a prescrição".*

Além disso, essa mesma Lei n. 11.280/06, também, através de seu art. 11, expressamente revogou o art. 194 do vigente Código Civil, visto sua inarredável incompatibilidade com o novo direcionamento outorgado ao citado § 5º do art. 219 do CPC, acerca da possibilidade de decretação da prescrição, independentemente de argüição pela parte a quem beneficia.

> 5) "Quando a ação se originar de fato que deva ser apurado no juízo criminal, não correrá a prescrição antes da respectiva sentença definitiva" (CC, 200).

A propósito desse dispositivo, anota *Ari Pedro Lorenzetti*(33), "(...) A previsão do art. 200 do Código de 2002, pensamos, a princípio, não traria qualquer reflexo sobre a prescrição trabalhista, uma vez que não vislumbramos, de imediato, a existência de direitos trabalhistas que ficassem na dependência de apuração de fatos no juízo criminal.

Todavia, analisando melhor a questão, ocorreu-nos a hipótese de pedido de indenização de danos morais por falsa imputação de fato criminoso ao empregado. Reconhecemos, entretanto, que 'na prática, a maior dificuldade será definir se a matéria discutida no juízo criminal é efetivamente uma questão prévia'. No exemplo citado, parece-nos que sim. (...)".

Para o que aqui se apresenta compatível, são esses, em suma, os dispositivos legais insertos em nosso Código Civil que fornecem o regramento legal do instituto jurídico da *prescrição*, além, é claro, daqueles relativos à *interrupção* do prazo prescricional, que serão tratados separadamente, no tópico seguinte.

---

(33) *A prescrição trabalhista e o novo Código Civil*, cit., p. 2.115.

2.3.1. A "Interrupção" do Curso da Prescrição

A interrupção da fluência do prazo prescricional é fenômeno especial que interessa sobremaneira aos objetivos deste trabalho, levando-se em consideração, principalmente, que ela pode acontecer no curso da lide, o que terá importância primordial na exata definição de sua ocorrência, ou não, na *execução trabalhista.*

Em nosso sistema jurídico, a paralisação do curso de prazo processual é conceituada de duas formas absolutamente distintas: a suspensão e a *interrupção.* No primeiro caso, o lapso transcorrido até a suspensão, posteriormente volta a fluir, pelo seu restante (CPC, 179)[(34)].

Na interrupção, no entanto, quando da volta de seu curso, o prazo (re)começa a correr, de modo integral, ou seja, a contagem é retomada de seu início, expungindo-se o período transcorrido anteriormente, como se não tivesse sido verificado[(35)].

A regra legal de regência da interrupção da prescrição encontra-se no *art. 202 do Código Civil,* que, em sua redação atual e para o que aqui pertine, edita o seguinte:

> "A interrupção da prescrição, que somente poderá ocorrer uma vez, dar-se-á: inciso I: por despacho do juiz, mesmo que incompetente, que ordenar a citação, se o interessado a promover no prazo e na forma da lei processual"; *Inciso V:* "por qualquer ato judicial que constitua em mora o devedor"; *Inciso VI:* "por qualquer ato inequívoco, ainda que extrajudicial, que importe reconhecimento do direito pelo devedor".

E, especificamente, em seu parágrafo único: "A prescrição interrompida recomeça a correr da data do ato que a interrompeu, ou do último ato do processo para a interromper". Anote-se o norte processual outorgado pelo *art. 219 do CPC*[(36)].

---

(34) "A superveniência de férias suspendem o curso do prazo; o que lhe sobejar recomeçará a correr do primeiro dia útil seguinte ao término das férias".

(35) "(...) Há causas suspensivas e interruptivas do prazo de prescrição. As primeiras suspendem o curso da prescrição e não anulam o período já transcorrido: cessada a causa, o prazo reinicia o seu curso. A 'causa interruptiva' apaga o tempo que já correu e, depois da sua cessação, o prazo da prescrição começa a ser contado outra vez. (...)", SAAD, Eduardo Gabriel. *CLT Comentada*, cit., p. 50, nota 6 ao art. 11.

(36) "A citação válida torna prevento o juízo, induz litispendência e faz litigiosa a coisa; e, ainda quando ordenada por juiz incompetente, constitui em mora o devedor e interrompe a prescrição".

Impende consignar que a grande novidade introduzida pela nova redação do *art. 202 do Código Civil* está em seu *caput,* quando deixa explícito que *a interrupção da prescrição somente poderá ocorrer uma vez, limitação que não existia no ordenamento jurídico revogado.*

Lembram, entretanto, *Francisco Ferreira Jorge Neto e Jouberto de Quadros Pessoa Cavalcante*[(37)], que

"(...) Contra a Administração Pública direta, autarquias e outras entidades criadas e mantidas por impostos, taxas ou contribuições instituídas por lei, a prescrição somente pode ser interrompida uma vez (art. 8º, Decreto n. 20.910/32), sendo que, uma vez interrompida, esta passa a correr pela metade (art. 3º, Decreto-lei n. 4.597/42), mas não fica reduzida aquém dos cinco anos, embora o titular do direito a interrompa durante a primeira metade do prazo (Súmula n. 383, STF)[(38)]. (...)".

A norma emanada do *parágrafo único do art. 202 do Código Civil* em vigor, que disciplina o *recomeço da contagem do prazo de prescrição interrompido,* é a que dá suporte legal ao que a doutrina denomina, genericamente, *prescrição intercorrente,* ou seja, a que ocorre *durante o transcurso da lide.*

Verificada lesão a direito, passa a fluir o prazo prescricional quanto a *exigibilidade* de sua reparação. Ajuizada a ação competente, ocorre a *causa interruptiva* inicial mediante o despacho judicial que determina a citação (*inciso I do art. 202 do Código Civil*) e através da realização de *citação válida* do réu, conforme apregoa o *caput* do citado art. 219 do Código de Processo Civil[(39)].

---

(37) *A Decadência e a Prescrição...,* cit., p. 54.

(38) "A prescrição em favor da Fazenda Pública recomeça a correr, por dois anos e meio, a partir do ato interruptivo, mas não fica reduzida aquém de cinco anos, embora o titular do direito a interrompa durante a primeira metade do prazo" (Súmula n. 383 do STF). ROSAS, Roberto. *In Direito Sumular,* cit., p. 170, lembra o esclarecedor voto do Min. *Luiz Gallotti:* "A interpretação razoável há de ser esta: o prazo da prescrição é de cinco anos, dentro do qual pode ser iniciada a ação contra a Fazenda Pública. Se o credor protesta na primeira metade do período, não se pode atribuir ao protesto o efeito de encurtar aquele prazo, que prevalecerá, não obstante terminar antes dele, o de dois anos e meio, contado da data do protesto. Se este se faz na segunda metade do qüinqüênio, a prescrição se consumará dois anos e meio após o protesto, pois então não haverá o risco de que a medida acauteladora produza ilogicamente o efeito de reduzir o prazo da prescrição" (E-RE n. 43.346).

(39) Destaque-se que o efeito interruptivo da prescrição ocorre mesmo que seja incompetente o Juízo que determinou a citação (CC, 202, I). A *interrupção da prescrição* retroage à data da propositura da ação (CPC, 219, § 1º), e, caso o autor não promova a

Acrescente-se que "a prescrição pode ser interrompida por qualquer interessado" (*CC, 203*).

Neste ponto deve ser frisado, desde logo, que a utilização de forma genérica e generalizante da expressão *prescrição intercorrente*, tanto pela doutrina, como pela jurisprudência, sem a necessária especificação em relação à *fase processual* a que se alude, constitui-se em fonte de vários equívocos, contribuindo para a permanência de certa *confusão* em relação à precisa conceituação e aplicabilidade do instituto. É o que se procurará evidenciar nos tópicos subseqüentes.

2.3.1.1. Interrupção Inicial da Prescrição no Processo Trabalhista

Como retratado no item anterior, o ajuizamento da ação traduzindo uma *pretensão condenatória*, tem o condão de *interromper* o curso da prescrição que se encontrava fluindo, desde que efetuada a citação nos moldes determinados pela lei processual civil.

No campo do processo do trabalho, entretanto, existe uma particularidade especial porque não há, propriamente, a *citação* do demandado[(40)], já que "recebida a reclamação, será remetida a segunda via da petição ao reclamado, notificando-o para comparecer à audiência de julgamento" (*CLT, 841*), ocasião em que "não havendo acordo, o reclamado terá vinte minutos para aduzir sua defesa" (*CLT, 847*).

Ou seja, o reclamado é *notificado* para comparecer à audiência inaugural, visando *composição amigável* com o reclamante[(41)], o que, não ocorrendo, propiciará a apresentação da contestação.

Assomam, ainda, duas outras peculiaridades próprias, que não podem ser olvidadas na formulação da melhor exegese da situação ora ventilada: *a)* "a reclamação poderá ser escrita ou verbal" (*CLT,*

---

citação do réu no prazo de 10 dias (CPC, 219, § 2º), prorrogáveis, no máximo, por mais 90 dias (CPC, 219, § 3º), a prescrição haver-se-á por não interrompida (CPC, 219, § 4º). Isso, no âmbito do processo civil. No processo trabalhista a situação é diversa, conforme se verá no *item 2.3.1.1*, na seqüência.

(40) "PRESCRIÇÃO. INTERRUPÇÃO. Frente ao procedimento adotado nesta Justiça Especializada, onde inexiste o despacho do juízo que determina a citação do réu, dada a informalidade configurada com a expedição de notificação ao demandado, independente de determinação judicial ou mesmo de providência da parte interessada, torna inaplicável subsidiariamente os termos do art. 218 do CPC. A prescrição, na Justiça do Trabalho, assim, interrompe-se mediante o simples ajuizamento da reclamatória. Inteligência do art. 841 da CLT. Revista conhecida e provida" (TST, RR 6.087/89, Ac. 3ª T. 1.282/90, 22.10.90, Rel. Min. José Luiz Vasconcellos, DJU 19.12.90, p. 15695).

(41) As ações trabalhistas serão sempre sujeitas à conciliação (CLT, 764).

786, 787 e 840), e, *b)* "os empregados e os empregadores poderão reclamar pessoalmente" (CLT, 791 e 839, letra *a*).

Além disso, o *art. 844 da CLT* estabelece que "o não comparecimento do reclamante à audiência importa o arquivamento da reclamação".

Por conta de tais particularidades o entendimento sumulado do TST caminhou no sentido de que, "A ação trabalhista, ainda que arquivada, interrompe a prescrição somente em relação aos pedidos idênticos"[(42)].

E, ainda não é só, pois o *art. 732 da CLT* consigna penalidade a ser aplicada ao reclamante, quando proclama que, "Na mesma pena do artigo anterior[(43)] incorrerá o reclamante que, por duas vezes seguidas, der causa ao arquivamento de que trata o art. 844".

Dessa forma, em síntese, a propositura da ação trabalhista interrompe a contagem do prazo de prescrição, mesmo que, na audiência inaugural, venha a ser arquivada por ausência do reclamante. Proposta nova ação, a prescrição se considera interrompida na data da propositura da primeira ação (a que foi inicialmente arquivada). Caso ocorra novo arquivamento, pelo mesmo motivo, incide a penalidade de perda do direito de reclamar perante a Justiça do Trabalho, durante seis (6) meses (*CLT, 732*).

Há que se salientar que, para que ocorra a *interrupção da prescrição* conforme delineado nos parágrafos anteriores, e ressaltado pela *nova redação* da *Súmula n. 268 do TST*, a reclamatória *posterior* deve ser uma *repetição* daquela que houvera sido arquivada, pois, "verifica-se a litispendência quando se reproduz ação anteriormente ajuizada, e, uma ação é idêntica à outra quanto tem as mesmas partes, a mesma causa de pedir e o mesmo pedido" (cf. *CPC, 301, §§ 1º e 2º*).

Tratando do objeto dessa *Súmula n. 268 do TST*, ainda que sob sua redação anterior[(44)] (o que não altera a essência do pensamento, para o que aqui ora está na berlinda), *Francisco Antonio de Oliveira*[(45)], se posiciona no sentido de que:

---

(42) TST, Súmula n. 268, com a redação dada pela *Resolução TST n. 121/03,* DJU de 19.11.03.

(43) "Aquele que, tendo apresentado ao distribuidor reclamação verbal, não se apresentar, no prazo estabelecido no parágrafo único do art. 786, ao Juízo para fazê-lo tomar por termo, *incorrerá na pena de perda, pelo prazo de seis meses, do direito de reclamar perante a Justiça do Trabalho"* (CLT, 731).

(44) Redação anterior da Súmula n. 268 do TST: "A demanda trabalhista, ainda que arquivada, interrompe a prescrição".

(45) *Comentários...,* cit., pp. 704/705.

"(...) Todavia, à evidência, isso não significa que a parte terá interrompida a prescrição toda vez que a reclamatória for arquivada, de forma indefinida. A essa conclusão opõe-se o instituto da perempção (art. 268, parágrafo único, do Código de Processo Civil[(46)]). E essa asserção é autorizada pela doutrina moderna, segundo a qual todos os atos, inclusive os atos nulos, prescrevem. Dessa forma o Enunciado ora comentado deve ser interpretado em consonância com as regras da perempção, restritivamente, portanto, sob pena de permitir-se que a matéria sumulada tenha maior força vinculante e supere a própria lei, conclusão inadmissível. (...)".

Não é pacífica, contudo, a questão da ocorrência de *perempção* na hipótese de que ora se cuida,

"(...) Há, entretanto, insurgência de segmento expressivo da doutrina, pois sendo o sentido do verbo perimir, morrer, extinguir-se, não se poderia admitir morte ou extinção por lapso de tempo determinado.

Ademais, na situação retratada pelo art. 731, sequer existe a formação da relação processual. Ainda, a perempção afeta o direito material, enquanto as hipóteses mencionadas nos artigos citados apenas se referem ao direito de ação, no sentido processual. (...)"[(47)].

Na mesma linha, o pensamento de *Wilson de Souza Campos Batalha* e *Silvia M. L. Batalha de Rodrigues Netto*[(48)],

"(...) No foro trabalhista, o arquivamento da reclamação, correspondente à absolvição de instância, não constitui forma de perempção do direito ou da ação, que pode ser renovada. O efeito interruptivo subsiste embora determinado o arquivamento da reclamação.

---

(46) "Se o autor der causa, por três (3) vezes, à extinção do processo pelo fundamento previsto no n. III do artigo anterior (*v.g.*, quando, por não promover os atos e diligências que lhe competir, o autor abandonar a causa por mais de trinta (30) dias), não poderá intentar nova ação contra o réu com o mesmo objeto, ficando-lhe ressalvada, entretanto, a possibilidade de alegar em defesa o seu direito" (*CPC, 268, parágrafo único*). *Francisco Ferreira Jorge Neto* e *Jouberto de Quadros Pessoa Cavalcante*, indicam que, "(...) A perempção equivale à extinção do direito de praticar um ato processual ou de prosseguir com o feito porque a parte se manteve inerte e deixou transcorrer o prazo legal sem exercer aquele direito. (...)" *A Decadência e a Prescrição...*, cit., p. 17.

(47) BERNARDI LORA, Ilse Marcelina. *A Prescrição no Direito do Trabalho*, cit., p. 40.

(48) *Prescrição e Decadência...*, cit., p. 144.

Na conformidade do art. 732 da CLT, o reclamante que, por duas vezes seguidas, der causa ao arquivamento da reclamação por não-comparecimento à audiência, incorrerá na pena de perda pelo prazo de seis meses, do direito de reclamar perante a Justiça do Trabalho. Não se trata do direito de ação perempto. Trata-se de vedação de ingressar no Juízo do Trabalho durante seis meses, em qualquer reivindicação e contra qualquer pessoa, o que, na essência, implica denegação de justiça, caracterizando-se como preceito inconstitucional. (...)".

Pelo que se viu, não parece mesmo que seja o caso de tratar o *duplo arquivamento* da lide trabalhista, por ausência do reclamante à audiência inicial, como hipótese de *perempção*, já que não configuradas, em sua totalidade, as circunstâncias aludidas pelo *parágrafo único do art. 268 do CPC*. A penalidade de proibição de impetração de nova ação no juízo trabalhista, é transitória, pelo prazo fixado, e não definitiva, como cogitado pelo dispositivo legal referido.[49]

Embora se tenha por pacificada a ocorrência de interrupção da prescrição nestes casos de arquivamento, vale lembrar a crítica que parte da doutrina faz aos termos da *Súmula n. 268 do TST*, no que tange ao *direcionamento* que imprime à matéria:

> "(...) Tema polêmico — ainda que o Enunciado n. 268 do TST tenha fechado a questão — é se, realmente, a demanda trabalhista, arquivada pela ausência injustificada do reclamante à audiência inaugural (art. 844 da CLT), interrompe ou não a prescrição.
>
> Tem-se afirmado — e nós já o fizemos também — que o arquivamento faz desaparecer a ação, e, portanto, o ajuizamento desta já não produz o efeito interruptivo. Continua a fluir o prazo prescricional, como se nada tivesse acontecido.
>
> Justifica-se esse entendimento com o fato de que a interrupção da prescrição se opera pela manifestação da vontade do autor em pleitear, da Justiça, a reparação de um dano sofrido. Se o ato se inicia, mas, logo em seguida, a atividade necessária a que ele

(48) "PRESCRIÇÃO. ARQUIVAMENTOS. A demanda trabalhista, ainda que arquivada por duas vezes, interrompe a prescrição. O prazo prescricional também fica interrompido durante o período de seis meses em que o reclamante incorre na pena de perda do direito de reclamar perante a Justiça do Trabalho, por força da norma disposta no art. 732 da CLT, cuja constitucionalidade, aliás, é questionada pela doutrina" (TRT, 8ª Região, RO 5.193/93, Ac. 2ª T. 3.564/94, 9.5.94, Rel. Juiz Vicente José Malheiros da Fonseca, *in Revista LTr*, v. 59, n. 8, ago. 1995, p. 1.077).

se complete não tem prosseguimento, fica no vazio e se desfaz, perdendo qualquer eficácia. (...)"[50].

Além dessa, há uma outra crítica que se faz a esse posicionamento do TST, no que se refere ao lacônico e peremptório texto de seu enunciado.

De fato essa *Súmula n. 268*, ao asseverar simplesmente que *a ação, mesmo arquivada, interrompe a prescrição*, nada esclarece sobre a *efetiva* recepção, pelo reclamado, da *notificação* (com a segunda via da petição inicial) para a audiência de julgamento (CLT, 841), que, no processo do trabalho, equivale à *citação.*

Ora, se o reclamante não comparece à audiência, a demanda é arquivada, e, *interrompe a prescrição,* conforme a súmula em tela. Fica no vazio, entretanto, a questão sobre se o reclamado efetivamente tomou conhecimento da ação que lhe foi interposta (e então arquivada), já que se presume corretamente efetuada tal *notificação* desde que *entregue no endereço indicado* na inicial[51], que, hipoteticamente (por ignorância, ou mesmo má-fé), pode não ser o endereço correto da parte reclamada.

São precisas as observações de *Homero Batista Mateus da Silva*[52],

> "(...) *a praxe forense acabou consagrando formas deturpadas de interrupção de prescrição, especialmente aquelas praticadas sem a ciência à parte contrária, tudo capaz de alimentar insegurança jurídica. É o que ocorre, por exemplo, com o Enunciado n. 268 da Súmula do Tribunal Superior do Trabalho.* (...).
>
> Contudo, a redação lacônica do Enunciado — mesmo depois de apurada pela Resolução n. 121, de 28 de outubro de 2003, que introduziu a limitação da interrupção apenas aos pedidos formulados naquela demanda — tem levado a exageros, como a afirmação de que o réu não precisa ser comunicado da existência do processo para que se interrompa a prescrição.
>
> Ora, mera distribuição de demanda pode até representar um comportamento positivo do interessado no sentido de pôr fim à sua

---

(50) ALMEIDA, Ísis de. *Manual da Prescrição...*, cit., pp. 126/127.

(51) "Presume-se recebida a notificação 48 (quarenta e oito) horas depois de sua postagem. O seu não-recebimento ou a entrega após o decurso desse prazo constituem em ônus de prova do destinatário" (*Enunciado n. 16 do TST*, com a redação dada pela Resolução TST n. 121/03, DJU de 19.11.2003).

(52) *Estudo crítico da Prescrição Trabalhista,* cit., pp. 162/165 (sem grifos no original).

inércia, mas essa noção se esvai se o comportamento somente foi presenciado ou percebido pelo servidor, que recebeu a petição, ou pelo juiz, que comandava a sessão. (...).

A interpretação de que a demanda trabalhista arquivada sempre será capaz de interromper a prescrição, mesmo com o desconhecimento do réu, pode, mais uma vez, ser favorável e estratégica ao trabalhador, mas não resiste ao fundamento da segurança jurídica tantas vezes invocado. Tanto pior se o trabalhador, por ignorância ou má fé, buscar a interrupção 'sigilosa' da prescrição, sonegando o endereço correto do réu, para, depois, tomá-lo de surpresa numa segunda demanda, digamos, quatro anos depois da extinção do contrato de trabalho. (...)".

Resta evidenciado, ao que tudo indica e a despeito da singela redação da súmula de jurisprudência em questão, que o efeito interruptivo da prescrição pelo arquivamento da ação somente ocorre se o réu efetivamente tiver tomado conhecimento da demanda, através do recebimento da notificação citatória, cuja prova, por certo, poderá ser produzida quando da apresentação da contestação na ação posteriormente proposta.

2.4. A Disciplina no Direito do Trabalho

A *prescrição trabalhista* no universo jurídico brasileiro está regulada em sede constitucional desde a promulgação de nossa *Carta Magna de 1988,* que a previu no *inciso XXIX* de seu *art. 7º,* e atualmente possui a seguinte dicção, com a redação dada pela *Emenda Constitucional n. 28, de 25 de maio de 2000:* "São direitos dos trabalhadores urbanos e rurais, além de outros que visem à melhoria de sua condição social" (art. 7º): "ação, quanto aos créditos resultantes das relações de trabalho, com prazo prescricional de cinco anos para os trabalhadores urbanos e rurais, até o limite de dois anos após a extinção do contrato de trabalho" (inciso XXIX).

A *CLT* a prevê em diversos dispositivos: "Prescreve em dois anos a ação para reaver a diferença (em relação ao salário mínimo[(53)]), contados, para cada pagamento, da data em que o mesmo tenha sido

(53) Face a disposição do *art. 117 da CLT*: "Será nulo de pleno direito, sujeitando o empregador às sanções do art. 121, qualquer contrato ou convenção que estipule remuneração inferior ao salário mínimo estabelecido na região em que tiver de ser cumprido".

efetuado" (*art. 119* — observação: cinco anos durante a vigência do contrato de trabalho, até dois anos após a rescisão, conforme a CF de 1988); "A prescrição do direito de reclamar a concessão das férias ou o pagamento da respectiva remuneração é contada do término do prazo mencionado no art. 134 ou, se for o caso, da cessação do contrato de trabalho" (*art. 149*); "Contra os menores de 18 anos não corre nenhum prazo de prescrição" (*art. 440*); "Os prazos de prescrição fixados pela presente Consolidação começarão a correr da data da vigência desta, quando menores do que os previstos pela legislação anterior" (*art. 916*).

No entanto, o histórico da previsão da *prescrição trabalhista* em nosso direito positivado, começa bem antes de sua acolhida pelo texto constitucional em vigor, havendo, como menciona o Professor *Amauri Mascaro Nascimento*(54), "(...) mais de uma fase da evolução legislativa da prescrição. A primeira antecedeu a instalação da Justiça do Trabalho, em 1941; a segunda vai dessa ocasião até a Consolidação das Leis do Trabalho, de 1943; a terceira desenvolve-se desse diploma legal até a Constituição Federal de 1988. (...)".

Em sua obra, "A Prescrição no Direito do Trabalho", *Ari Pedro Lorenzetti*(55) traça um panorama abrangente sobre a matéria, relembrando que já na *Consolidação das Leis Civis* de *Carlos de Carvalho,* havia previsão da prescrição no art. 975, o mesmo ocorrendo com o Código Comercial, de 1850, que a previa nos arts. 448 e 449. O Código Civil, de 1916, acolheu a matéria em seu art. 173 e a Lei n. 62, de 5 de junho de 1935, fixou, "para a ação de indenização por despedida injusta, o prazo prescricional de um ano".

Destaca, por fim, a regra específica para os créditos trabalhistas em geral, prevista no Decreto-lei n. 1.237, de 2 de maio de 1939, que organizou a Justiça do Trabalho e estabelecia em seu *art. 101*: "Não havendo disposição especial em contrário, prescreve em 2 (dois) anos qualquer reclamação perante a Justiça do Trabalho". Tal regra inspirou o *art. 11 da CLT*(56), de 1943, que vigorou até a promulgação da Constituição Federal de 1988.

Ilse Marcelina Bernardi Lora(57) relembra que, após a entrada em vigor do Código Civil de 1916,

---

(54) *Curso de Direito Processual do Trabalho,* cit., p. 278.

(55) *A Prescrição...,* cit., pp. 149/150.

(56) "Não havendo disposição especial em contrário nesta Consolidação, prescreve em 2 (dois) anos o direito de pleitear a reparação de qualquer ato infringente de dispositivo nela contido".

(57) *A Prescrição...,* cit., p. 30.

"(...) seguiram-se diplomas diversos acerca da prescrição, a exemplo do Decreto n. 23.103, de 19 de agosto de 1933, que determinava a prescrição de um ano após o prazo de concessão para as férias de empregados de estabelecimentos comerciais e bancários, o mesmo se verificando quanto aos empregados da indústria, conforme preceituava o Decreto n. 23.768, de 18 de janeiro de 1934, em seu art. 17. (...)".

Grosso modo, e em rápidas pinceladas, esse o caminho percorrido pela *prescrição trabalhista* na legislação pátria, sendo o caso de mencionar que o *inciso XXIX do art. 7º da Carta Magna de 1988*, foi alterado, no ano de 2000, pela *Emenda Constitucional n. 28,* em relação ao prazo de prescrição aplicável aos trabalhadores rurais.

2.4.1. Subordinação do Empregado; Dependência Econômica; Irrenunciabilidade de Direitos Trabalhistas e Prescrição

Um interessante aspecto sociológico que merece ser destacado, no que diz respeito à incidência de regra prescricional no campo do direito do trabalho, refere-se a existência de *subordinação jurídica* do empregado ao empregador, no contexto de uma relação de emprego, além da manifesta *dependência econômica* daquele, quanto ao contrato de trabalho, que constitui, via de regra, sua fonte de subsistência.

E isso porque, como se extrai do citado *inciso XXIX do art. 7º da Constituição Federal*, a prescrição atinge o direito de ação do *trabalhador durante a vigência do contrato de trabalho*, situação em que são determinantes os fatores mencionados no parágrafo anterior.

Ou seja, o direito de reclamar eventuais lesões de direitos durante o curso do contrato de trabalho fica limitado ao período de cinco anos. Todo o lapso que o sobejar, estará acobertado pela *prescrição.*

O direito não pode se descolar do que acontece na prática coti-diana, cuja constatação revela que, durante a vigência do pacto laboral, praticamente não há ajuizamento de ações tendentes a questionar a lesão de direitos no seio de um contrato de trabalho, até porque são raros os casos de previsão legal ou convencional de *garantia de emprego.*

Não havendo garantia de emprego, o trabalhador, premido pelas circunstâncias, não reclama contra a lesão de direitos durante a vigência contratual (a realidade o comprova) e termina por sofrer os efeitos da *prescrição*, muito embora nesse caso, patenteadas a *subordinação* e a *dependência econômica*, não se possa, de maneira segura, presumir a existência da *inércia*, que seria o dístico característico para a extinção do direito pela via prescricional.

Esse estado de coisas, caracterizado pela *subordinação jurídica* do empregado; sua condição de *hipossuficiência* e conseqüente *dependência econômica* em relação ao contrato de trabalho, além do fato de os direitos trabalhistas serem *irrenunciáveis* e protegidos por normas de ordem pública, têm levado alguns doutrinadores a especular sobre a tese da *imprescritibilidade* dos direitos trabalhistas durante o curso da relação empregatícia[58].

Muito embora posicionamento dessa ordem não encontre agasalho em nosso direito positivo, é inegável o sentimento de justiça que o inspira.

Confira-se, a esse propósito:

"(...) Em perfunctória análise, *a prescritibilidade imposta pela lei aos créditos trabalhistas parece contrapor-se à irrenunciabilidade ínsita a tais créditos. Américo Plá Rodriguez,* analisa com percuciência a matéria. Após transcrever argumentos de *Horácio Ferro* e *Martha Abella de Artecona*, que *advertem para a incongruência de, por um lado, tutelar os direitos, tornando-os indisponíveis e, por outro, admitir que seu não-uso, durante determinado tempo, determine sua perda,* enfatiza o entendimento de *Hélios Sarthou*, que afirma:

'Entendemos sempre que, sob o ponto de vista do dever ser, a realização do valor justiça — objetivo primordial de todo ramo jurídico — deveria necessariamente levar, entre outras coisas, no Direito do Trabalho, à eliminação da abstenção contínua de agir como causa da perda de um direito.

Manipular conceitos iguais, com respeito ao silêncio ou à omissão de acionar por parte do trabalhador, aos utilizados em relação aos sujeitos das relações de direito civil significa, de certo modo, reviver a velha ficção liberal da igualdade das partes no contrato de trabalho.

---

(58) "(...) embora, na verdade, só se conheça um tal posicionamento em uns poucos autores estrangeiros, sem cobertura na jurisprudência, que, lá fora como aqui entre nós, não admite tal discriminação, sempre sob o fundamento do interesse da segurança jurídica e da ordem pública, em sentido mais amplo". (ALMEIDA, Ísis de. *Manual da Prescrição,* cit., p. 20).

Só em uma visão estéril dos aspectos sociais e econômicos do contrato de trabalho é possível sustentar que a subordinação inerente à relação não implica um estado de sujeição que interdita a vontade. Se, em outros institutos e campos de nossa disciplina, as linhas do Direito do Trabalho e do direito comum se separam, para cumprir aquele com suas finalidades específicas, de acordo com sua autonomia, também aqui o elemento tempo como causa da perda de um direito deverá ter um tratamento específico.

Essa necessária especificidade da prescrição no Direito do Trabalho vem imposta pelo princípio da irrenunciabilidade das normas trabalhistas. Se não é possível renunciar expressamente às normas do Direito do Trabalho, não pode ser válida a renúncia tácita que, em essência, é a prescrição, enquanto abstenção pelo prazo que a lei estabelece'. (...)"(59).

Com aguçado senso de oportunidade, relembra, nessa linha, o magistrado *Homero Batista Mateus da Silva*(60),

"(...) O esforço empreendido para a consolidação da autonomia do direito do trabalho perante o direito civil recebeu decisivo impulso com o desenvolvimento de princípios e de singularidades capazes de evidenciar o distanciamento e a independência dos dois ramos jurídicos.

Sem a percepção de que havia princípios exclusivos e marcantes a regerem as relações de trabalho, além de singularidades características de sua condição, dificilmente o direito do trabalho teria se emancipado.

Ocorre que, como toda matéria recém desenvolvida, parte considerável de seus conceitos foram aproveitados do ramo anterior, de tal forma que a ninguém causa surpresa que ainda um século depois da efervescência da formação do direito do trabalho sejam repetidos e utilizados diversos institutos do direito civil para o funcionamento do direito do trabalho. Inclui-se neste rol o caso da prescrição.

Raro é o discurso contra o instituto da prescrição, ou pelo menos contra seu uso no direito do trabalho sem adaptações a seus princípios e singularidades (...)"(61).

---

(59) BERNARDI LORA, Ilse Marcelina. *A Prescrição no Direito do Trabalho*, cit., pp. 25/26 (sem grifos no original).
(60) *Estudo crítico...*, cit., p. 79.
(61) *Estudo crítico...*, cit., p. 79.

Em sua ampla análise, prossegue referido autor, fazendo menção à lição de *Sergio Alberto de Souza* ("Prescrição: paradigmas para uma investigação crítica", *Jornal Trabalhista, Brasília*, n. 598, p. 306, mar. 1996):

> "(...) Diante da falta dolosa ou culposa do empregador e da hipossuficiência do obreiro, seria justo aplicar-se ao Direito do Trabalho e ao Processo do Trabalho o instituto da prescrição em nome de uma ambígua paz social? De que paz social se fala? De que 'prescrição liberatória', afinal, se pretende a aplicação? Liberatória de quem e, realmente, em favor de que paz social? (...)"[62].

Em complemento, cita *Rogério Viola Coelho* ("O direito de ação, os enunciados do TST e a insolvência da Justiça do Trabalho", *Síntese Trabalhista*, Porto Alegre, n. 4, p. 14, out. 1989),

> "(...) como o trabalho subordinado — forma particular que assume o trabalho humano sob o capitalismo — se universaliza à medida que este regime atinge sua maturidade, o princípio da equivalência — fundamento último da normatividade protetora da remuneração do empregado — impõe-se como mediação necessária para a caracterização do princípio abstrato da justiça social. Nestas condições, o princípio da equivalência assume uma significação ontológica para o Direito do Trabalho. Assim sendo, a realização deste princípio não pode ser sacrificada em homenagem ao 'princípio da segurança das relações jurídicas'.
>
> Mas os juristas tradicionais insistem em afirmar que a segurança das relações jurídicas é a base da paz social, enquanto falam como juristas, em que pese sejam capazes de admitir — quando não estão a lidar com o Direito — que a verdadeira paz social não existe sem justiça social. (...)".

Analisando as mudanças empreendidas por ocasião da *Emenda Constitucional n. 28, de 25 de maio de 2000*, que alterou o regime da prescrição aplicável à relação de emprego rural, consignou *Estêvão Mallet*[63],

> "(...) A fluência do prazo prescricional faz supor possa o titular do direito exigir o ato, ou a omissão. Antes da exigibilidade não há prescrição, como evidencia, aliás, a regra do art. 149 da CLT.

---

(62) *Estudo crítico...*, cit., p. 80.

(63) "Novas e velhas questões em torno da Prescrição Trabalhista", *in Revista da Faculdade de Direito*. Universidade de São Paulo, 2001, Volume 96, pp. 217/218.

Em matéria trabalhista, porém, ainda que formalmente possa o empregado, verificada a lesão, de pronto exigir a reparação correspondente, se o fizer, colocará em risco, não sendo estável, a continuidade de seu contrato de trabalho. Por isso, melhor se amolda às peculiaridades da relação de emprego comum, inclusive e especialmente no meio rural, a fluência da prescrição somente depois de extinto o vínculo, como já dispunha a Lei n. 5.889/83, em diretriz mantida pela Constituição de 1988. (...) Em síntese, não se mostra positiva a inovação trazida pela Emenda Constitucional n. 28. (...)".

Antônio Álvares da Silva(64), coloca o dedo na ferida, de forma contundente:

"(...) Portanto a patrimonialidade dos direitos trabalhistas, em vez de ser causa de sua prescritibilidade, deve ser suporte do raciocínio contrário, em virtude da finalidade que tem: se o salário ou parcelas desta natureza visam garantir a sobrevivência de quem só pode vender sua força-trabalho, é injusto submetê-lo à prescrição, principalmente quando se sabe que o não-exercício da ação não se deu por omissão mas sim em virtude do estado de sujeição.

Por outro lado, a prescrição desempenha um papel bem diferente no campo do direito social. No direito privado é ela instrumento de consolidação de situações sociais que o Direito, por uma questão de política legislativa, prefere aceitar a modificar. Atua, pois, como mecanismo compensatório entre o titular do direito (que o perde) e do titular de fato que se legitima na titulação.

No jogo dos interesses particulares, a situação mais favorável para a sociedade é sempre a que está em melhor funcionamento. Se um bem da vida está em mãos de quem melhor o utiliza, por que retirá-lo de suas mãos para entregá-lo a seu 'legítimo' titular que por ele se desinteressou? Mas o bem é o mesmo e continua a mesma sua função econômica para a sociedade. Mudou-se apenas a titularidade do direito.

Bem diferente é a prescrição de direitos trabalhistas. Quem dela se beneficia é apenas um lado da relação jurídica — o empregador — havendo sempre um constante prejudicado — o trabalhador.

Não há nenhum benefício social na manutenção deste 'estado de fato' que se consolida. Pelo contrário. Há ameaça à sobrevivência

(64) *Prescrição das Contribuições do FGTS.* 1ª ed. São Paulo: Aide, 1987, pp. 202 e ss., *apud* ALMEIDA, Ísis de. *Manual da Prescrição...*, cit., pp. 22/23.

dos que vivem de seu trabalho, gerando problemas sociais que sobrecarregam a própria sociedade como um todo: seguro-desemprego, aumento de benefícios e serviços previdenciários, com aumento dos custos de produção e conseqüentemente da carga tributária geral.

Não se consolida, portanto, nenhuma situação econômica de vantagem social. Todos os elementos que se apontam para justificar a prescrição (ação destruidora do tempo, castigo à negligência, presunção de abandono e renúncia, presunção de extinção do direito, proteção ao devedor, diminuição de demandas, interesse social pela estabilidade das relações jurídicas) não se aplicam ao Direito do Trabalho, em virtude do estado de sujeição e, muitas vezes, da má-fé do próprio empregador que, deixando de cumprir com a obrigação no curso do contrato de trabalho, dela se livra pela prescrição intercorrente.

Todos os elementos acima enumerados presumem uma economia livre, de mercado, numa sociedade competitiva, cuja luta é protagonizada por pessoas que, embora em diferentes planos econômicos, não têm laços de sujeição entre si. *Como se pode, com justiça, falar em interesse social pela estabilização de situações jurídicas (o mais comum e mais repetido argumento) se essa estabilização é conseguida pela anulação da vontade contrária e, muitas vezes, até mesmo por fraude e má-fé? Ainda não chegamos ao ponto de afirmar que os interesses sociais exigem a estabilização de situações jurídicas conseguidas de modo imoral e injusto.* (...)".

Embora se possa, sem sombra de qualquer dúvida, concordar com tais afirmações, ante suas inegáveis e judiciosas ponderações, o fato é que o nosso direito positivo em vigor, como assim o da maioria dos países do mundo, acolhe em seu seio a *prescrição trabalhista,* já que

"(...) a necessidade de segurança jurídica por vezes exige o sacrifício de outros valores particulares, embora relevantes.

Trata-se de sobrepor o interesse público sobre o privado. Embora as normas do Direito do Trabalho consagrem os princípios da irrenunciabilidade e da intangibilidade dos direitos, tanto não autoriza a proteção daquele que não exercita seu direito, ainda que se possa afirmar que a negligência é determinada pela subordinação ínsita à relação de emprego.

Isso porque os males causados ao interesse social pelo inerte podem ser superiores àqueles determinados pela perda da exigibilidade do direito decorrente do transcurso do tempo.

Exemplifica-se: não houvesse a prescrição, estaria constrangido o empregador, em especial aquele que conta com empreendimento econômico de menor porte e, assim, com menos condições de manter assessoria jurídica e contábil, a dedicar maior atenção à guarda de documentos do que aos meios de produção e à evolução da empresa. Tanto fatalmente inibiria consideravelmente a atividade produtiva, reduzindo ainda mais a abertura e mesmo a manutenção de postos de trabalho. Sacrifica-se o interesse particular em nome da segurança jurídica e a harmonia social. (...)"(65).

O que não se pode deixar de concluir da sóbria análise dos fundamentos apontados por ambas as correntes doutrinárias é que, se o curso da prescrição após a rescisão contratual se justifica plenamente, o mesmo não ocorre com aquele que flui *durante o contrato de trabalho*, que se afigura manifestamente injusto e, porque não dizer, carente dos fundamentos políticos e ideológicos normalmente utilizados para justificativa dos *prejuízos* provocados ao trabalhador pelo acolhimento de regra prescricional.

Parece mesmo existir uma *lacuna* "fundamentativa" que outorgue o necessário suporte jurídico à regra que prevê a ocorrência de *prescrição* durante o transcurso do pacto laboral. Tudo o que se apregoa para justificar, com razão, o acolhimento de *prescrição*, não se verifica na hipótese relativa à fluência de seu curso durante o contrato de trabalho.

Há que se dedicar maior atenção a esse respeito, não se acatando, sem maiores questionamentos, justificativas apressadas, que, em realidade, pretendem encobertar um mal maior que se refere ao puro e simples descumprimento da lei durante a relação de emprego.

A esse respeito, são irrespondíveis os argumentos arrolados por *Antônio Álvares da Silva* e *Homero Batista Mateus da Silva*, nos trechos de suas obras de pouco transcritos.

---

(65) BERNARDI LORA, Ilse Marcelina. *A Prescrição...*, cit., pp. 26/27.

CAPÍTULO 3

A PRESCRIÇÃO INTERCORRENTE

Doutrina e jurisprudência consagraram o uso da expressão "prescrição intercorrente", para designar aquele tipo de prescrição que se caracteriza, grosso modo, pela fluência do prazo respectivo *durante o curso da relação processual*[(1)], e que possui estribo legal no *parágrafo único do art. 202 do Código Civil*[(2)], segundo o qual, "A prescrição interrompida recomeça a correr da data do ato que a interrompeu, ou do último ato do processo para a interromper".

Por esse dispositivo a *prescrição*, interrompida com a propositura da ação, recomeça a correr, acaso se verifique a inércia do autor em promover providências processuais que lhe competem. Sua admissão no processo trabalhista, embora intensamente controvertida, é perfeitamente possível, como se terá oportunidade de demonstrar nos tópicos que seguem.

Cumpre realçar de início, no entanto, que o uso indiscriminado e com sentido generalizante da expressão em tela, pode resultar em equívocos interpretativos e, com certeza, está na raiz da discórdia que reside em seu redor, no que concerne a sua plena aplicabilidade às lides trabalhistas.

Vale aqui o alerta já feito no *item 2.3.1 retro*, sobre a necessidade de "qualificar" a *prescrição intercorrente*, mediante a explicitação de qual *instante* ou *fase processual* sua ocorrência eventualmente se tenha verificado, para que a temática seja analisada sob o prisma do rigor técnico-processual, evitando-se a confusão de conceitos e o desvirtuamento de sua natureza, principalmente quando se leva em conta as específicas particularidades que regem o processo do trabalho.

Melhor seria dizer que a "prescrição intercorrente" se configura como "gênero" (e aí, então, abarcaria a designação de sua ocorrência

---

(1) "(...) Prescrição intercorrente é a que se verifica no curso da ação; forma-se, conseqüentemente, de permeio. (...)" (TEIXEIRA FILHO, Manoel Antonio. *Liquidação da Sentença...*, cit., p. 218.

(2) Com correspondência legislativa no *Artigo 173 do Código Civil de 1916*.

em qualquer das fases processuais), que congrega a existência de, pelo menos, três "espécies", conforme se verifique: *a) no processo de conhecimento (pretensão condenatória); b) na fase de liquidação de sentença condenatória (pretensão executória)*, e, *c) no processo de execução, propriamente dito* (ou seja, excluída a *fase de acertamento, liquidação ou pré-execução*).

Como visto anteriormente[3], são várias as causas interruptivas da prescrição, sendo a propositura da reclamação trabalhista a que ostenta maior relevância para o fim que aqui se busca.

O aforamento da lide trabalhista, mesmo arquivada, interrompe a prescrição, havendo, na data de seu ajuizamento, a fixação do respectivo marco temporal de abrangência da ação, à respeito do qual haverá a prestação da tutela jurisdicional no caso concreto. De acordo com o *inciso XXIX do art. 7º da Constituição Federal*, o prazo de prescrição da ação trabalhista é de cinco anos, até o limite de dois anos após a extinção do contrato de trabalho[4].

Esse é o prazo prescricional para a propositura da ação, a qual, interposta, interrompe a prescrição, que, por sua vez, recomeça a correr durante a tramitação do processo[5], verificável em relação ao prazo decorrido entre a prática de um ato processual e o subseqüente, na exata dimensão em que teorizada no âmbito da *prescrição*, na modalidade dita *intercorrente*.

Anote-se, por esclarecedor, que

"(...) *Clóvis* e *Carvalho Santos* interpretam o último ato do processo como aquele que acabou de se realizar no decorrer do próprio processo, isto é, o último ato processual, dentro da sua série.

---

(3) Itens 2.3.1 e 2.3.1.1 retro.

(4) "Sobre o assunto em epígrafe, vem à tona a Orientação Jurisprudencial n. 204, adotada recentemente (8.11.2000), pela *SBDI-1, do TST, verbis:*'Prescrição. Contagem do prazo. Art. 7º, XXIX, da CF. A prescrição qüinqüenal abrange os cinco anos anteriores ao ajuizamento da reclamatória e não os cinco anos anteriores à data da extinção do contrato de trabalho'. *Rechaçou-se, com isso, a hipótese de junção dos prazos de cinco e dois anos*, previstos no art. 7º, XXIX, da Lei Magna, o que merece aplausos. (...)" (MAGANO, Octavio Bueno. "Prescrição". *In Revista de Direito do Trabalho*, ano 27, janeiro/março de 2001, n. 101, p. 213, São Paulo: Revista dos Tribunais. Coord. Nelson Mannrich, sem grifos no original).

(5) "(...) A expressão 'recomeça a correr' deve ser entendida como começa fluir 'novo prazo, igual ao da prescrição interrompida', não havendo soma de períodos parciais, salvo alteração superveniente do prazo. (...)" (ROCHA, Osíris. *Enciclopédia Saraiva do Direito.* Coord. Prof. R. Limongi França. São Paulo: Saraiva, 1981, vol. 60, verbete "Prescrição" (Direito do Trabalho), p. 221.

Câmara Leal toma o processo como um todo, como uma causa interruptiva única, referindo-se o último ato do processo àquele pelo qual o processo se finda.

Apesar do princípio inquisitivo que rege o avanço do procedimento (CPC, art. 262) a jurisprudência acolheu a primeira interpretação. Tem-se, assim, que *o último ato do processo não* é o ato final, derradeiro, mas o que aparece depois dos demais atos já praticados nele. Último é o mais recente, embora não se destine a ser o ato extremo, que encerra o processo.

Prevaleceu, pois, o entendimento segundo o qual, no curso do processo, a prescrição sofre sucessivas interrupções, à medida que se sucedem os atos processuais. Sempre que um ato deixa de ser o último do processo, porque outro lhe sucede, reinicia-se o curso da prescrição, apagando-se o tempo transcorrido.

Se, entretanto, desde o último ato já se completou o prazo prescricional, a prescrição estará consumada, podendo invocá-la o interessado, não se reiniciando seu curso caso seja praticado outro ato no processo, salvo se for renunciada. (...)"[6].

Nessa linha de raciocínio,

"(...) Prescrição intercorrente, como a expressão indica, é a que se consuma no decorrer do fluxo processual. Interrompida a prescrição com a propositura da ação, recomeça ela a correr a partir do último ponto do movimento processual, consumando-se com a incúria da parte, não obstante o sistema de impulso oficial da Justiça. (...)"[7].

Outra não é a definição adotada por *Mauricio Godinho Delgado*[8], segundo o qual, "(...) Intercorrente é a prescrição que flui durante o desenrolar do processo. Proposta a ação, interrompe-se o prazo prescritivo: logo a seguir, ele volta a correr, de seu início, podendo consumar-se até mesmo antes que o processo termine. (...)".

Nas palavras da juíza *Alice Monteiro de Barros*[9], "(...) A prescrição intercorrente se verifica durante a tramitação do feito na Justiça,

---

(6) LORENZETTI, Ari Pedro. *A Prescrição no Direito do Trabalho*, cit., pp. 238/239.

(7) CAMPOS BATALHA, Wilson de Souza & RODRIGUES NETTO, Silvia M. L. Batalha de. *Prescrição e Decadência...*, cit., p. 115.

(8) *Curso de Direito do Trabalho*, cit., p. 280.

(9) *Aspectos Jurisprudenciais da Prescrição Trabalhista*, cit., p. 201.

paralisado por negligência do autor na prática de atos de sua responsabilidade. (...)".

Colhe-se ainda a manifestação de *Marco Aurélio Aguiar Barreto*[10],

"(...) Intercorrente é a prescrição que se consuma no curso da ação, ou seja, após a citação, o que significa que se o processo ficar paralisado, a prescrição interrompida inicia novo curso e com o mesmo prazo, relativo à pretensão condenatória, a contar da data da paralisação. (...). A lide eterna é incompatível com o interesse coletivo, o qual clama por uma constituição pronta e definitiva dos fatos e situações jurídicas, a fim de alcançar firmeza nas relações humanas em sociedade. (...)".

Anote-se que alguns autores apresentam objeção em relação à própria utilização da expressão "prescrição intercorrente", preferindo, em seu lugar, 'prescrição intracorrente':

"(...) Admite-se o uso da expressão 'prescrição intercorrente' apenas em homenagem à praxe forense, pois o rigor gramatical reclama o uso de uma expressão mais condizente com o sentido almejado de fluência dentro de um processo e não no meio de dois processos.

Daí o acerto da sugestão de *Ricardo Menezes Silva,* para quem a expressão mais adequada ao sentido do instituto é prescrição intracorrente. Uma rápida lembrança dos conceitos de intervalo intrajornada, como aquele do art. 71 da Consolidação, e intervalo interjornada, como no caso de seu art. 86 (*sic,* art. 66 da CLT), basta para confirmar a proposição. (...)"[11].

Diga-se que a distinção afigura-se pertinente e o exemplo dado cai como uma luva[12]. A questão, contudo, ao que parece, ganhará outros contornos quando se falar em *autonomia* ou não *do processo de execução trabalhista,* pois, se se entender que a *execução* é mera *fase* do processo trabalhista, correto será, então, falar-se em *prescrição intracorrente.*

---

(10) *Prescrição Intercorrente no Processo do Trabalho...,* cit., pp. 46/47.

(11) MATEUS DA SILVA, Homero Batista. *Estudo Crítico...,* cit., p. 144.

(12) De fato, ao tratar do *intervalo intrajornada,* o *art. 71 da CLT* diz que, "em qualquer trabalho contínuo, cuja duração exceda de seis horas, é obrigatória a concessão de um intervalo para repouso", ou seja, *intervalo dentro da própria jornada de trabalho contínua.* Já quanto ao *intervalo inter (ou entre) jornadas* o *art. 66 consolidado* estabelece, 'Entre duas jornadas de trabalho'...".

No entanto, caso se entenda que a *execução trabalhista* guarda plena *autonomia* em relação ao *processo de conhecimento*, aí então correto mesmo será falar, nessa perspectiva e no contexto que se enfoca, em *prescrição intercorrente*, vez que seriam dois processos distintos e autônomos: o de conhecimento e o de execução[13].

Acrescente-se, por fim, que alguns autores preferem falar em *prescrição superveniente* (que ocorre durante o curso do processo, após a propositura da ação e até o trânsito em julgado da *pretensão condenatória*, mas antes do início da *pretensão executória*), adotando a designação de *prescrição intermediária* para aquela verificável após o trânsito em julgado do *processo de conhecimento* (ou seja, com o nascimento da *pretensão executória*), tanto em relação à *fase de liquidação* do julgado (ou de acertamento), como na *execução do título judicial,* propriamente dita.

A par do que acima se expôs, impende nesse passo lembrar, como já feito no *item 2.3.1 retro*, a *novidade* trazida pelo *caput* do Artigo 202 do vigente Código Civil, quando determina que *a prescrição somente poderá ser interrompida uma única vez*, à respeito da qual é oportuno mencionar os seguintes ensinamentos:

> "(...) outra questão que, sem dúvidas, desafiará os operadores do direito será a dos efeitos da ação judicial sobre o curso da prescrição quando já houve interrupção anterior.
>
> Para que o problema seja melhor entendido, figuremos uma situação concreta: um empregado propõe ação trabalhista e esta vem a ser 'arquivada' (CLT, 844). Em tal circunstância, segundo entendimento firmado pelo TST, verifica-se a interrupção da prescrição em relação às verbas pleiteadas (Enunciado n. 268). Assim, se o mesmo empregado ajuíza novamente a ação, pela regra do art. 202, *caput*, do Código Civil de 2002, não haverá nova interrupção.
>
> Entretanto, também não se poderá sustentar que a prescrição continue a fluir, pois, do contrário, poderia sobrevir a prescrição mesmo estando em curso a ação, sem que tivesse havido inércia do titular do direito. Afinal, se até mesmo a submissão da demanda à Comissão de Conciliação Prévia tem o poder de paralisar o curso da prescrição (CLT, art. 625-G), com muito maior razão há

(13) "(...) Admitindo-se ser o processo de execução um processo à parte, embora conseqüente de um de conhecimento, a matéria pode ser assim subdividida: 'prescrição intercorrente durante processo de conhecimento e prescrição durante processo de execução'. (...)" (ROCHA, Osíris. *Enciclopédia Saraiva do Direito*, cit., pp. 220/221).

de se emprestar tal efeito à ação judicial, mesmo quando de sua propositura não mais decorra a eficácia interruptiva.

Assim, mesmo nos casos em que não se faça presente o efeito interruptivo, a litispendência deverá acarretar a paralisação do prazo prescricional em curso, até o trânsito em julgado. (...) Estaria, então, inviabilizada a prescrição intercorrente? Embora a nova lei não exclua a possibilidade da prescrição intercorrente, só se poderá aplicá-la, se admitida sua ocorrência, quando o prazo legal fluir integralmente entre um ato processual e outro, por inércia do autor. (...).

Destarte, *para que a prescrição intercorrente se compatibilize com a regra da interrupção única, é preciso que transcorra integralmente entre um ato processual e outro, por inércia do autor, não gerando efeitos caso não se consume em tais intervalos.* (...)"[14].

Resta claro então, que a *prescrição intercorrente* é aquela que se verifica no curso da ação, desde que transcorrido o prazo legal entre a prática de dois atos processuais, por inércia do autor.

A regra da *interrupção única* deve ser entendida em relação às causas interruptivas verificadas antes da propositura da ação (ou mesmo no momento desta). Na pendência da lide, os atos processuais vão se encadeando, num todo complexo, podendo ser verificada a *prescrição intercorrente* pelo decurso do prazo legal entre a prática dos atos processuais, desde que a inércia seja imputada exclusivamente ao autor e não possa ser suprida pelo *impulso oficial* do Juiz.

3.1. A Prescrição Intercorrente no Processo Trabalhista Cognitivo

Sobre a eventual ocorrência de *prescrição intercorrente* na execução trabalhista se falará, de modo mais delongado, nos Capítulos 4 e 5 adiante. Importa agora enfocar a questão no âmbito do processo trabalhista de conhecimento, assim entendido o procedimento tendente a obter uma decisão meritória que produza um título executivo judicial.

Tendo em conta a juridicidade dos pronunciamentos citados no tópico precedente, cumpre verificar que, durante o curso do *processo de conhecimento*, parece ser exagerada a proposição de possibilida-

---

(14) LORENZETTI, Ari Pedro. *A prescrição trabalhista e o novo Código Civil*, cit., pp. 2.116/2.117.

de de configuração do instituto da *prescrição intercorrente* em relação à prática de cada ato do processo.

E isso porque, em tal situação, mais adequado seria falar-se em ocorrência de *preclusão processual* ou mesmo, em sendo o caso, em *extinção do processo sem julgamento do mérito.*

Com efeito, edita o *art. 183 do CPC:*

> "Decorrido o prazo, extingue-se, independentemente de declaração judicial, o direito de praticar o ato, ficando salvo, porém, à parte provar que o não realizou por justa causa"; *§ 1º:* "Reputa-se justa causa o evento imprevisto, alheio à vontade da parte e que a impediu de praticar o ato por si ou por mandatário"; *§ 2º:* "Verificada a justa causa o juiz permitirá à parte a prática do ato no prazo que lhe assinar".

E, no mesmo sentido, o *art. 473 do CPC:* "É defeso à parte discutir no curso do processo, as questões já decididas, a cujo respeito se operou a preclusão"(15).

Da *extinção do processo sem julgamento do mérito* trata o *art. 267* de nossa lei adjetiva civil, elencando diversas hipóteses, entre as quais cita-se, para ilustração: "quando ficar parado (o processo) durante mais de um (1) ano por negligência das partes" (inciso II), e, "quando por não promover os atos e diligências que lhe competir, o autor abandonar a causa por mais de trinta (30) dias" (inciso III).

Prescrição e *preclusão*, todavia, não se confundem. Anote-se a manifestação doutrinária a respeito:

> "(...) Preclusão é um instituto de direito processual, não repercutindo fora do processo. Representa a perda de uma faculdade processual por não ter sido exercida no devido tempo. O objetivo da preclusão é impedir que o processo se eternize. (...).
>
> Os efeitos da preclusão restringem-se ao processo, embora suas conseqüências possam ter reflexos sobre o direito das partes. Já no que respeita à decadência e à prescrição, seus efeitos no

---

(15) "(...) A preclusão indica perda da faculdade processual, pelo seu não uso dentro do prazo peremptório previsto pela lei (preclusão temporal), ou, pelo fato de já havê-la exercido (preclusão consumativa), ou, ainda, pela prática de ato incompatível com aquele que se pretenda exercitar no processo (preclusão lógica). Esta classificação, por nós adotada, foi proposta por Chiovenda em várias passagens de sua obra. (...)" (NERY JUNIOR, Nelson & ANDRADE NERY, Rosa Maria de. *Código de Processo Civil Comentado...,* cit., p. 778, nota 1 ao art. 473 do CPC.

processo decorrem das conseqüências que produzem no direito material das partes". (...)"(16).

A circunstância de, na hipótese que se enfoca, ser mais adequada a incidência de *preclusão processual*, do que de *prescrição intercorrente*, ainda mais avulta no campo trabalhista, onde impera, com nitidez maior, o *princípio do impulso oficial* pelo magistrado(17), conforme se infere do conteúdo do *art. 765 da CLT*: "Os juízos e Tribunais do Trabalho terão ampla liberdade na direção do processo e velarão pelo andamento rápido das causas, podendo determinar qualquer diligência necessária ao esclarecimento delas".

Na seara específica da lide trabalhista incide, ainda, a *Lei n. 5.584, de 26 de junho de 1970*, que veiculou normas de Direito Processual do Trabalho que assumem especial relevância para o tema em análise. Confira-se:

> *"Art. 2º:* Nos dissídios individuais, proposta a conciliação, e não havendo acordo, *o Presidente da Junta, ou o Juiz,* antes de passar à instrução da causa, *fixar-lhe-á o valor para a determinação da alçada*, se este for indeterminado no pedido." (...) *§ 3º: "Quando o valor fixado para a causa, na forma deste artigo, não exceder de 2 (duas) vezes o salário mínimo vigente na sede do Juízo,* será dispensável o resumo dos depoimentos, devendo constar da Ata a conclusão da Junta quanto à matéria de fato." *§ 4º:* Salvo se versarem sobre matéria constitucional, nenhum recurso caberá das sentença proferidas nos dissídios da alçada a que se refere o parágrafo anterior, considerando, para esse fim, o valor do salário mínimo à data do ajuizamento da ação."
>
> *"Art. 4º: Nos dissídios de alçada exclusiva das Juntas e naqueles em que os empregados ou empregadores reclamarem pessoalmente, o processo poderá ser impulsionado de ofício pelo Juiz".*

À respeito do *impulso oficial* pelo Juiz, confira-se o ensinamento do saudoso *Valentin Carrion*(18):

---

(16) JORGE NETO, Francisco Ferreira & PESSOA CAVALCANTE, Jouberto de Quadros. *A Decadência e a Prescrição...*, cit., pp. 15/16.

(17) "O processo civil começa por iniciativa da parte, mas se desenvolve por impulso oficial" (*CPC, 262*). E, como apontam *Nelson Nery Junior* e *Rosa Maria de Andrade Nery*, "(...) Uma vez iniciado, o processo se desenvolve por impulso oficial, isto é, por atos do juiz e dos auxiliares da justiça. Há, contudo, atos que devem ser praticados pelas partes ou que exigem sua provocação. Nestes casos, se a parte não der andamento ao processo praticando ato cuja iniciativa lhe competia, ocorre a 'contumácia' que, se for do autor, pode ensejar a extinção do processo sem julgamento do mérito (CPC, 267, II e II). (...)" (*Código de Processo Civil Comentado...*, cit., p. 589, nota 2 ao art. 262 do CP Civil.

(18) *Comentários à CLT...*, cit., p. 559.

"(...) O processo civil moderno (em sentido lato, ou seja, 'não penal') outorga amplos poderes ao juiz. Não se trata de o processo ser inquisitório ou dispositivo, mas tema ligado à concepção privatística ou publicística do processo, que são coisas diferentes, mesmo que possam caminhar juntas, porque se aproximam.

O que caracteriza o processo inquisitório é a existência de um interesse que o Estado não permite aos indivíduos extinguir, modificar ou constituir a seu bel-prazer. O processo dispositivo é uma lide sobre um direito deixado à disponibilidade das partes. Maiores ou menores poderes do juiz são coisas diversas que serão vistas em um como noutro processo (BRAGA, Pereira. *Exegese do CPC*, v. I, p. 110). (...)".

Diante dos conceitos que vêm de ser apontados (*preclusão; extinção do processo sem julgamento do mérito; impulso oficial pelo Juiz no processo trabalhista; dissídios de alçada exclusiva das Varas do Trabalho*) afigura-se correto dizer que a ocorrência da *prescrição intercorrente* no processo trabalhista de conhecimento, se não é impossível, é muito difícil de ocorrer.

Mesmo no exemplo sempre citado pela doutrina (ou seja, naquela hipótese em que o Juiz determina a reintegração de empregado, condicionada à devolução de indenização recebida[(19)]), apresenta-se inviável a ocorrência de *prescrição intercorrente*, devendo a questão ser solucionada à luz da *preclusão* processual, possibilitando que o processo de conhecimento não fique estagnado e possa prosseguir sua marcha em direção à decisão de mérito, que removerá a incerteza em relação ao direito controvertido e produzirá um título executivo judicial, que, aí sim, será objeto de uma *execução judicial*, através do correspondente processo executivo.

Com efeito, antes do proferimento da sentença de mérito, uma decisão como a acima aventada, somente poderá ser tomada em um *processo cautelar*[(20)], ou, então, através de uma decisão que conceda uma *antecipação dos efeitos da tutela jurisdicional*.

---

(19) "(...) seja porque o impulso processual pelo Juiz, além de não lhe ser exigido como 'dever', nem sempre pode dar-se, como lembra Wagner Giglio, até mesmo na cognição, exemplificando com a reintegração condicionada à devolução de indenização, e tanto mais na execução, como se dá com a liquidação por artigos. (...)" (RODRIGUES PINTO, José Augusto. *Execução Trabalhista*. 9ª ed. São Paulo: LTr, 2002, p. 94).

(20) "O procedimento cautelar pode ser instaurado antes ou no curso do processo principal e deste é sempre dependente" (*CPC, 796*).

Caso a *reintegração condicionada à devolução da indenização recebida* seja deferida *cautelarmente*[(21)], e o beneficiário dela não cumpra a condição (ou seja, não devolva a indenização que possibilite a concretização da reintegração deferida liminarmente), a solução, afigura-se claro, não passa pela paralisação da lide para que fique a esperar, senão o adimplemento da condição, a eventual ocorrência da *prescrição intercorrente*.

Muito ao contrário, pois o *Código de Processo Civil* é expresso no sentido de que, "Cabe à parte propor a ação, no prazo de trinta (30) dias, contados da data da efetivação da medida cautelar, quando esta for concedida em procedimento preparatório" (*CPC, 806*).

Ainda, "As medidas cautelares conservam a sua eficácia no prazo do artigo antecedente e na pendência do processo principal; *mas podem, a qualquer tempo, ser revogadas ou modificadas*" (*CPC, 807*).

E, por fim, "Cessa a eficácia da medida cautelar, se não for executada dentro de trinta (30) dias" (*CPC, 808, II*).

Diga-se o mesmo em relação à *antecipação dos efeitos da tutela jurisdicional*, prevista no *art. 473 do CPC:*

> "O juiz poderá, a requerimento da parte, antecipar, total ou parcialmente, os efeitos da tutela pretendida no pedido inicial, desde que, existindo prova inequívoca, se convença da verossimilhança da alegação e: *I* — haja fundado receio de dano irreparável ou de difícil reparação, ou, *II* — fique caracterizado o abuso de direito de defesa ou o manifesto propósito protelatório do réu", uma vez que o próprio *§ 4º* desse mesmo dispositivo edita expressamente: *"a tutela antecipada poderá ser revogada ou modificada a qualquer tempo, em decisão fundamentada".*

Se assim inequivocamente é, também aqui não se afigura razoável, na hipótese de que ora se cuida, permitir a paralisação da lide à espera do adimplemento da condição ou da ocorrência da *prescrição intercorrente*.

Cite-se também, por último, a possibilidade extrema de *concessão de liminar* em sede de *Mandado de Segurança* impetrado contra

(21) "Além dos procedimentos cautelares específicos, que este Código regula no Capítulo II deste Livro, poderá o juiz determinar as medidas provisórias que julgar adequadas, quando houver fundado receio de que uma parte, antes do julgamento da lide, cause ao direito da outra lesão grave e de difícil reparação" (*CPC, 798*). O dispositivo refere-se ao poder geral de cautela do juiz, diante da presença do *fumus boni juris* e do *periculum in mora*.

decisão judicial, que tenha indeferido a *reintegração* em causa. Ainda neste caso, a lei veda fique o processo *em suspenso* no aguardo de providências por parte do beneficiário da medida.(22)

Assim, em todas essas hipóteses, da conjugação dos preceitos invocados, mais a configuração específica do instituto jurídico da *preclusão processual*, ao invés de se falar (ou aguardar, indefinidamente) a ocorrência da *prescrição intercorrente*, mais adequado se apresenta a *revogação* da *medida cautelar* deferida (ou da *tutela antecipada*, ou da *liminar*), permitindo o prosseguimento do processo até decisão final.

Por outro lado, se uma decisão dessa ordem foi proferida em sentença, que julgou o mérito da lide, a questão, após seu trânsito em julgado, aí sim, será objeto de execução e terá solução pela ocorrência, ou não, da *prescrição intercorrente*, que eventualmente venha ocorrer na fase executiva do julgado, o que será objeto de apreciação nos capítulos seguintes.

O magistrado *Ari Pedro Lorenzetti*(23), tem opinião radical a esse respeito, embora a fundamente de forma criteriosa e convincente:

> "(...) Na verdade, a prescrição intercorrente é instituto que deveria ser banido do direito civil pátrio, incluído o trabalhista, uma vez que, enquanto pendente a lide, a exigência do crédito está em curso, não se exauriu. E as conseqüências dos atos ou omissões das partes no curso da demanda devem ser as previstas nas regras jurídicas que disciplinam as relações processuais, ainda que, reflexamente, possam afetar o direito material dos litigantes.
>
> Assim, antes de acarretar conseqüências de direito material, a conduta das partes, na relação jurídica processual, deve sujeitá-las aos efeitos que o próprio direito instrumental estabelece, consoante a inobservância diga respeito a ônus, obrigações ou deveres processuais.
>
> Só mediatamente, pois, é que o comportamento das partes, no processo, deve influir na relação jurídica material. Assim, como a

---

(22) O *art. 2º da Lei n. 4.348, de 26 de junho de 1964*, estabelece que: "Será decretada a perempção ou a caducidade da medida liminar *exofficio* ou a requerimento do Ministério Público, quando, concedida a medida, o impetrante criar obstáculo ao normal andamento do processo, deixar de promover, por mais de (3) dias, os atos e diligências que lhe cumprirem, ou abandonar a causa por mais de (20) dias".

(23) *A prescrição trabalhista e o novo Código Civil*, cit., pp. 2.117/2.118.

lei processual estabelece remédios específicos para os casos em que a parte negligencia na prática dos atos processuais que lhe cabem (CPC, arts. 267, II e III), não há razão para querer transformar a prescrição em panacéia para toda e qualquer omissão do credor. Afinal, da mesma forma que não se fala em decadência intercorrente, não temos necessidade de uma prescrição intercorrente, pelo menos não na esfera civil *lato sensu*. (...)

Seria de todo conveniente, pois, que, aproveitando as novas disposições legais, fosse a prescrição intercorrente banida do direito brasileiro, uma vez que o direito processual equaciona satisfatoriamente os casos de inércia do credor na pendência da lide.

A execução da sentença não sofrerá qualquer conseqüência do fluxo prescricional existente quando da propositura da ação condenatória, mesmo nos casos em que este não o interrompa, por já ter havido uma interrupção anterior. Tal solução deve-se ao fato de que a pretensão executiva não se confunde com a condenatória. Trata-se de pretensões diversas, a despeito de estarem alicerçadas num mesmo direito.

Por tal motivo, a prescrição relativa à pretensão executiva também poderá ser objeto de uma interrupção, independentemente do que tenha ocorrido anteriormente, em relação à pretensão condenatória. A pretensão executiva, no caso, decorre do reconhecimento judicial do crédito, retratado no título executivo. Assim, só nasce após a pretensão condenatória haver alcançado seu objetivo, ainda que em parte.

Logo, como não se poderia admitir o fluxo da prescrição antes do surgimento da pretensão em relação à execução, a prescrição só começa a correr a partir do trânsito em julgado da sentença ou acórdão, embora se admita o exercício antecipado da pretensão executiva (execução provisória). (...)".

Diante de tudo o que acima se verificou, poder-se-ia mesmo afirmar que, efetivamente, a *prescrição intercorrente* é inaplicável ao *processo trabalhista* no que diz respeito *especificamente ao 'processo de conhecimento', ou seja, à* "pretensão condenatória". Neste caso, configurada estaria a hipótese de repúdio à incidência desse instituto na Justiça do Trabalho, como preconizado pela *Súmula n. 114 do TST,* ao qual se referirá, de maneira ampla, no *item 3.2.2 infra.*

3.2. A Cizânia Sumular acerca da Incidência da Prescrição Intercorrente no Processo Trabalhista

Para fixar bem o tema, tendo em mente o que se explanou no tópico precedente, agregue-se, em reforço, a menção já feita no *item 1.3.1 retro*, aos termos do *art. 878 da CLT*, onde está estatuído que "a execução trabalhista poderá ser promovida *ex officio* pelo Juiz".

Isso feito, de rigor consignar que, para o propósito deste estudo, assume especial relevância a discrepância existente entre a jurisprudência sumulada de nossas Cortes Superiores. Com efeito, a *Súmula n. 327 do Supremo Tribunal Federal — STF* ("O direito trabalhista admite a prescrição intercorrente") está em vigor e, em princípio, como se afigura claro, deveria nortear a interpretação da matéria pelos demais Tribunais e instâncias inferiores.

Tal, no entanto, não é o que ocorre. Aliás, muito ao contrário, já que o próprio *Tribunal Superior do Trabalho — TST*, como se verá adiante[24], adota entendimento exatamente oposto, no sentido de que, "É inaplicável na Justiça do Trabalho a prescrição intercorrente"[25].

A inconveniência desse *conflito* de súmulas de jurisprudência salta aos olhos. No entanto, como aqui se procurará enfocar, o dissenso é mais aparente que frontal e instransponível, cabendo elucidar os conceitos e origens das súmulas, que, como soe acontecer, face a necessária *síntese* e subseqüente pretensão de utilização na generalidade dos casos, pode levar a entendimentos equivocados.

3.2.1. A Súmula n. 327 do Supremo Tribunal Federal

Como já salientado, essa súmula de jurisprudência assevera que o direito trabalhista *admite* a *prescrição intercorrente*.

No entanto, tendo em vista que sua aprovação e edição deu-se em *16 de dezembro de 1963*, cumpre, primeiramente, diante do longo período decorrido e das diversas alterações legislativas havidas na regência legal da matéria (inclusive e principalmente no plano constitucional), verificar as condicionantes jurídicas da época, que a influenciaram de forma incisiva.

(24) Vide *item 3.2.2* infra.
(25) Súmula n. 114 do Tribunal Superior do Trabalho.

A análise sob esse prisma certamente robustecerá as conclusões a serem extraídas, visando a melhor hermenêutica a ser adotada no que pertine a sua aplicação e incidência no momento jurídico atual.

De fato, consoante relata *Roberto Basiloni Leite*[26], em 28 de agosto de 1963, o Supremo Tribunal Federal aprovou uma emenda ao seu Regimento Interno, através da qual foi criada uma *Comissão de Jurisprudência*, com competência para, entre outras coisas, *"velar pela publicação e atualização da Súmula de Jurisprudência Predominante do Supremo Tribunal Federal"*.

Essa comissão foi composta pelos Ministros *Victor Nunes Leal*, relator do projeto; *Gonçalves de Oliveira* e *Pedro Chaves*, e, na última sessão plenária de 1963, apresentou a proposta com os primeiros 370 verbetes, que então veio a ser aprovada.

A Súmula n. 327, que ora se examina, fez parte desse primeiro bloco, valendo destacar que, naquela época, vigia a *Constituição Federal de 1946*, que estabelecia em seu *art. 101*:

> "Ao Supremo Tribunal Federal compete: (...) *inciso III* — julgar em recurso extraordinário as causas decididas em única ou última instância por outros Tribunais ou Juízes: *letra a*: quando a decisão for contrária a dispositivo desta Constituição ou à letra de tratado ou lei federal, (...), e, *letra d*: quando na decisão recorrida a interpretação da lei federal invocada for diversa da que lhe haja dado qualquer dos outros Tribunais ou o próprio Supremo Tribunal Federal".

Ou seja, à época da edição dessa súmula, era ampla a competência do *Supremo Tribunal Federal* para apreciação de *Recurso Extraordinário* em ações trabalhistas, atendidos os pressupostos já referidos.

A situação, contudo, se alterou com a *Constituição Federal de 1967*, que em seu *art. 143* dispôs expressamente que "as decisões do Tribunal Superior do Trabalho serão irrecorríveis, salvo se contrariarem esta Constituição, caso em que caberá recurso para o Supremo Tribunal Federal".

Com a supressão do *recurso extraordinário em matéria trabalhista* (salvo se veiculassem argüição de ofensa direta ao texto constitucional), a doutrina passou a propugnar que as *súmulas de jurisprudência do STF em matéria trabalhista perderam muito de sua importância*.

Esse debate, de outra parte, ganhou novo alento com a promulgação da *Carta Magna de 1988*, que alçou a nível constitucional diversas matérias de cunho eminentemente trabalhista, as quais, em princípio, poderão ser veiculadas pela via do *recurso extraordinário*, voltando a temática à apreciação última do *Supremo Tribunal Federal*.

Independentemente das controvérsias havidas em sede doutrinária, o importante é frisar a amplitude constitucional da *competência recursal do Supremo*, à época da edição da súmula, sem desconsiderar, evidentemente, que a essa Corte Superior compete, precipuamente, a guarda da Constituição, e, a uniformização da jurisprudência por ela realizada tem uma espécie de *aura constitucional*, já que todas as normas legais do país se subordinam à Constituição.

E se assim é, não parece correto pretender-se *desconsiderar* a diretriz traçada pela Súmula do STF sob a singela alegação de que, desde a Constituição de 1967, não mais subsiste a competência recursal que propiciou a adoção de tal entendimento sumulado.

Se a tal competência não mais subsiste na amplitude anterior, isso não implica desconsiderar a orientação interpretativa outorgada pela mais alta Corte do país à matéria, quando na fruição de inequívoca e ampla competência.

Além disso, é mais do que correto dizer que

> "(...) as súmulas do Supremo Tribunal, ainda que tenham perdido o interesse prático, com a supressão do recurso extraordinário em matéria trabalhista, não perderam a precedência científica decorrente da hierarquia judiciária e a importância metodológica, em face do conteúdo constitucional intrínseco em suas decisões. (...)"[27].

Tudo isso considerado, nada melhor do que verificar os venerandos acórdãos prolatados pela Excelsa Corte e que serviram de "*precedentes*" e estão na raiz da Súmula ora em análise.

Dentre os acórdãos precedentes considerados para lastro da Súmula, o primeiro deles, emanado da 1ª Turma do STF e datado de 7 de maio de 1951, relatado pelo *Ministro Luiz Gallotti*[28], considerou que:

> "(...) Constitui jurisprudência assente deste Supremo Tribunal que, em matéria de prescrição, não há distinguir entre ação e execu-

---

(26) *Manual de Direito Sumular do Trabalho*. São Paulo: LTr, 1999, pp. 32/33.
(27) LEITE, Roberto Basiloni. *Op. cit.*, p. 35.
(28) AI STF 14.744 — DF, DJU de 14.6.1951, p. 5.287.

ção, pois esta é uma fase daquela. Assim, ficando o feito sem andamento pelo prazo prescricional, seja na ação, seja na execução, a prescrição se tem como consumada.

Pretende o agravante que exclui a aplicação desse princípio no pretório trabalhista o fato de se facultar, além da promovida pelos interessados, a execução *ex officio* pelo juiz (art. 878 da Consolidação das Leis do Trabalho). A ponderação é digna de exame mas não resulta dos termos a lei. A dedução só seria forçosa, se o procedimento *ex officio*, ao invés de uma faculdade, fosse um dever do juiz. No entanto, o que da lei declara é que a execução poderá ser promovida por qualquer interessado ou pelo juiz (cit. art. 878)."

No caso, por exemplo, do recurso *ex officio*, assentou-se que não está sujeito a prazo, porque corresponde a um dever do juiz, porque este é obrigado a interpô-lo. Mas, ainda que a tese do agravante fosse acolhível, estaríamos em face de mera interpretação e não haveria como ver no entendimento oposto qualquer violação de texto expresso da lei, uma vez que nenhum existe afirmando o que o agravante pretende.

Acresce que, no caso, o próprio agravante confessa que a execução ficou sem andamento porque ele não cumpriu diligência a seu cargo, embora a repute desnecessária, ao contrário do que pareceu ao Juiz. *Houve, pois, inércia imputável ao credor e, assim, não se pode dizer que inexista na espécie o fundamento filosófico da prescrição (sanção contra a inércia do credor, a bem da paz social)* (... sublinhado no original, sem grifo, contudo)".

De plano se constata que o acórdão firma-se no entendimento de que o *art. 878 da CLT*[29] veicula uma *faculdade* do Juízo e não, como às vezes se apregoa, um *dever*, de modo que não se poderia brandir, contra o curso do lapso prescricional, o argumento de que a execução trabalhista pode ser promovida *ex officio* pelo julgador.

Nessa linha é oportuno fazer menção ao destaque constante do voto vencedor prolatado pelo *Ministro Macedo Ludolf*, no sentido de que,

"(...) V. Excia., salientou muito bem a diferença entre dever e faculdade por parte do Juiz de promover a execução e está eviden-

(29) *V.g.*, "A execução poderá ser promovida por qualquer interessado, ou *ex officio* pelo próprio Juiz ou Presidente ou Tribunal competente, nos termos do artigo anterior".

te, na disposição de lei invocada, que o que existe é mera faculdade a respeito, dentro da esfera trabalhista. *E o legislador naturalmente adotou tal disposição para facilitar, de certo modo, o andamento dos processos, no sentido da boa e devida aplicação da legislação social.* Mas, demonstrado que o Juiz não estaria obrigado a promover a execução em espécie, conseqüentemente a parte haveria de lançar mão dos meios judiciais para torná-la efetiva. Desde que não o fez dentro do prazo prescricional que a lei estabelece, prazo esse que é comum tanto à ação como à execução, ficou prescrito o direito pleiteado, como V. Excia. bem concluiu em suas considerações" (... sublinhado no original, sem grifos).

A despeito da douta autoridade do julgado, não se pode negar que o acórdão vem calcado em interpretação *gramatical* do texto legal aplicável, havendo espaço, portanto, para, mitigando-a, perquirir-se sobre uma possível exegese mais sistemática e que contemplasse as particularidades próprias do processo trabalhista no qual a parte pode, inclusive, postular em juízo sem a assistência de um profissional do direito.

Do precedente relativo ao *RE 22.632 — DF, de 13 de agosto de 1956*(30), extrai-se interessante entendimento, constante do voto (vencido) do Relator originário, *Ministro Lafayette de Andrada*, no sentido de que,

"(...) O acórdão embargado acolheu a prescrição da execução do julgado trabalhista, com apoio no art. 11 da Consolidação das Leis do Trabalho, combinado com os arts. 165 e 166, n. V do Código de Processo e 175 e 176 do Código Civil. A sentença que deu ganho de causa ao embargante foi proferida em 20 de maio de 1937 e a execução teve início em 5 de março de 1950, esclarece o voto do eminente relator do recurso extraordinário.

O art. 11 da Consolidação referida dispõe 'Não havendo disposição especial em contrário nesta Consolidação, prescreve em dois anos o direito de pleitear a reparação de qualquer ato infringente de dispositivo nela contido'. *Refere-se o preceito ao pedido de reparação no processo em que se pleiteia o reconhecimento do direito*, ao processo principal, a reclamação propriamente dita. *Excluída está desse preceito a execução da sentença que reconheceu o direito de reclamar.*

(30) RE 22.632, Embargos, Tribunal Pleno, DJ de 14.6.1956, p. 6.793.

A Consolidação não cogita de prescrição, além do que determina o art. 11. *Na falta de dispositivos especiais, nessa matéria, deve-se aplicar o direito comum, que é subsidiário.* E no capítulo sobre as execuções a Consolidação não faz qualquer referência à prescrição.

Tenho entendido sempre que a execução de sentença prescreve em trinta anos, de acordo com o art. 170 do Código Civil: 'Os casos de prescrição não previstos neste Código serão regulados, quanto ao prazo, pelo art. 177 ; e o artigo referido dá o prazo de trinta anos para as ações pessoais.

Ora se nem a Consolidação das Leis do Trabalho e nem o Código Civil ou qualquer outra lei dispõe sobre o prazo prescricional das execuções de sentença, a meu ver, elas só prescrevem no tempo a que aludi. A hipótese, é sem dúvida, de execução de decisão trabalhista que readmitiu o embargante. Colocando-me neste entendimento, deixo de apreciar as demais alegações dos embargos. Recebo os embargos para restaurar a decisão trabalhista". (sem grifos no original).

O voto que prevaleceu, contudo, do *Ministro Ribeiro da Costa*, Revisor, consignou que,

"(...) Sr. Presidente, *data venia*, divirjo do voto do eminente sr. Ministro Relator, porque, no caso, trata-se de dissídio trabalhista e, nessa hipótese, a aplicação da Consolidação das Leis do Trabalho é precípua. Ela só não pode ser aplicada — a disposição da legislação especial — quando essa disposição não abranger a hipótese, ou melhor, quando for omissa a legislação especial; aí então, é aplicável a legislação comum, que, no caso, seria o Código de Processo ou o Código Civil. Data vênia do eminente sr. Ministro Relator, creio que a disposição do art. 11 da CLT tem aplicação genérica, quando se trate de ações trabalhistas. Assim, rejeito os embargos" (..., sublinhado no original).

No *RE 30.990 — MG*[(31)], relatado pelo *Ministro Antonio Villas Boas*, a 2ª Turma do STF considerou que, "(...) A prescrição se consumou no prazo superior a 2 anos, em que *o reclamante descurou da movimentação da causa* (CLT, art. 11). (... sem negrito no original)".

(31) RE n. 30.990 — MG, 2ª Turma, DJ de 5.7.1958.

Não pode deixar de causar surpresa o entendimento adotado pela 2ª Turma do STF no julgamento do precedente relativo ao *RE 32.697-DF*[32], relatado pelo *Ministro Afrânio Antonio da Costa* (convocado), onde se lê,

"(...) Conheço do recurso e dou-lhe provimento. Conforme o art. 788 da Consolidação das Leis do Trabalho, feita a distribuição, a reclamação será remetida pelo distribuidor à Justiça ou Juízo competente; mas, pelo art. 791, os empregadores e os empregados poderão acompanhar as reclamações até final. *É assim inequívoco que a demora no prosseguimento do feito podia ser obstada pela reclamação do procurador ao juiz. Se tal não foi feito há que ser reconhecida a negligência do advogado do empregado.* Verificou-se a prescrição." (... sem grifos no original).

Já no julgamento do *RE n. 50.177 — Guanabara*[33], a mesma 2º Turma do STF, através do voto de seu Presidente, Relator, *Ministro A. M. Ribeiro da Costa*, fez uma análise percuciente dos diversos contornos da questão ao decidir que,

"(...) Conheço do recurso e lhe dou provimento. É certo que 'Predomina, como assinala *Arnaldo Süssekind* (*Comentários à Consolidação das Leis do Trabalho e à Legislação Complementar*, vol. I, p. 250), na doutrina e na jurisprudência atinentes ao direito do trabalho, a corrente que entende não se configurar, no processo trabalhista, a prescrição intercorrente: o ajuizamento da reclamação interrompe a prescrição, ensejando a recontagem do prazo a partir do término do processo, ainda que este tenha permanecido sem andamento por mais de dois anos — paralisação que, na Justiça do Trabalho, é inviável, porquanto ao juiz compete a direção do processo, devendo este tramitar, até decisão final, independentemente da iniciativa das partes. É o que pretende *Délio Maranhão*, lembrando, com *Câmara Leal*, que 'antijurídico seria responsabilizar o titular por uma inércia que não lhe pode ser imputada' (Ob. cit., vol. II, p. 616)."

Adverte contudo o autor: "Diversa, porém a opinião do renomado *Russomano*, o qual, no Congresso Jurídico Nacional, realizado em 1950 na cidade de Porto Alegre, teve aprovada a tese que a respeito apresentou (cf. Ob. cit., vol. I, pp. 100-104)."

(32) RE n. 32.697 — DF, 2ª Turma, DJ de 23.7.1959.
(33) RE n. 50.177 — Guanabara, 2ª Turma, DJ de 20.8.1962.

Registra, a seguir, vários arestos da Justiça Especial que não têm admitido a prescrição intercorrente (ob. cit., p. 250) e alude a que o Congresso Nacional manteve o veto do Presidente da República ao dispositivo do projeto que se transformou na Lei n. 1.530, de 26 de dezembro de 1951, na parte em que estabelecia a prescrição em juízo, quando não se verificassem as causas interruptivas ou suspensivas do respectivo prazo.

No entanto, deve-se ter em vista a regra que domina por excelência o assunto: está ela inscrita no art. 162 do Código Civil, ao dispor que a prescrição pode ser alegada em qualquer instância pela parte a quem aproveita. Assim, pode ser invocada inclusive na execução, se ela se torna superveniente. E, nesse sentido, já o proclamou o eminente Sr. Ministro *Villas Boas* (Ac. de 27.5.958 no Rec. Ext. n. 32.990): "A execução da sentença trabalhista está, portanto sujeita a prescrição bienal".

Além disso, o ilustre juiz *Pires Chaves*, que subscreve o despacho concessivo do recurso, a fls. 111, afirma com suma autoridade: "A lei não distingue entre as espécies de prescrição e o v. aresto impugnado disse não ser aplicável no direito do trabalho a prescrição intercorrente, por força do que estabelece o art. 765 da Consolidação, que atribui ao juiz a obrigação de velar pelo rápido andamento da causa. A prescrição pode ser argüida em qualquer momento e instância, assim na ação, assim na execução, indiscriminadamente". E alude a que a Corte Suprema tem enfrentado a questão, citando acórdão de sua E. 1ª Turma, relator o Ministro *Luiz Gallotti*.

A Justiça do Trabalho, ela mesma, se tem pronunciado pela prescrição intercorrente, a exemplo do decidido no Ac. da 1ª Turma do TST, Proc. n. 2914/58, DJ 4.9.59, p. 3.079, cujo relator, Sr. Ministro Astolfo Sena, sustentou sobre causa paralisada há mais de dois anos: "Face ao art. 11 da CLT, aplica-se na Justiça do Trabalho a prescrição intercorrente. Não há nenhuma norma que exclua essa prescrição das relações jurídicas trabalhistas. Ao revés esse princípio que se contém no aludido preceito legal, se harmoniza com o direito comum, que proclama a prescrição, quer na ação, quer na execução, quando o feito fica paralisado pelo tempo fixado em lei para a propositura da ação, o qual ultrapassado extingue o próprio direito".

Devo acrescentar, ainda, nesse sentido, aresto da Corte Suprema, invocado pelo Vice-Presidente *Pires Chaves*, onde o assunto foi exaustivamente examinado, pelos doutos votos do relator, Sr. Ministro *Luiz Gallotti* e dos Ministros *Sampaio Costa* e *Macedo Ludolf* (Agravo de Instrumento n. 14.744, do DF, julgado em sessão de 7.5.1951), *Ementa — verbis*: "Em matéria de prescrição, não há distinguir entre ação e execução, pois esta é uma fase daquela. Ficando o feito sem andamento pelo prazo prescricional, seja na ação, seja na execução, a prescrição se tem como consumada. Não exclui a aplicação desse princípio no pretório trabalhista o fato de se facultar ali a execução *ex officio* pelo Juiz. Excluiria se o procedimento ex-officio, ao invés de uma faculdade, fosse um dever do Juiz. Exemplo do recurso *ex officio*. Prescrição e seu fundamento filosófico. Invocação descabida do art. 172, V do Código Civil."

No precedente oriundo do julgamento do *RE n. 52.902 — Guanabara* (34), Relator o *Ministro Victor Nunes Leal*, anotou-se que,

"(...) O direito comum é subsidiário do trabalhista 'naquilo que não for incompatível com os princípios fundamentais deste' (CLT, art. 8º, parágrafo único). Quando se trata de execução em dinheiro, a lei subsidiária é a dos executivos fiscais (CLT, art. 889). Mas na execução das obrigações de fazer ou não fazer, a suplementação da legislação trabalhista se faz com o Código de Processo Civil. O seu artigo 1.014 assim dispõe: 'Na execução para prestação de fato, os embargos serão opostos no prazo marcado para o cumprimento da condenação'. Esse prazo é de cinco dias, nos termos do art. 884, § 2º, da Consolidação.

No caso dos autos, o empregado deixou escoar-se quase um ano para reclamar contra as condições em que foi reintegrado. Não pode, pois, prevalecer a decisão recorrida, nesta parte, em relação à qual é procedente o recurso extraordinário do empregador. (...)".

No julgamento do *RE n. 53.881 — SP* (35), Relator o *Ministro A. M. Ribeiro da Costa*, decidiu-se que,

"(...) Tem cabimento o recurso, na preliminar, mas não lhe assiste no mérito, a pretendida procedência. Não diverge a interpretação dada ao art. 11 da CLT de arestos da Corte Suprema, pois segue-

(34) RE n. 52.902 — Guanabara, 2ª Turma, DJ de 19.7.1963.
(35) RE n. 53.881 — SP, 2ª Turma, DJ de 19.9.1963.

lhe a orientação. Sustenta, ao propósito, a impugnação (fls. 76/8): '(...)'. Nada a acrescentar à conceituação interpretativa acima exposta, que cita inclusive arestos de que fui relator, cujo entendimento devo manter. Conheço do recurso, mas lhe nego provimento" (Nota: são os seguintes os arestos citados na impugnação acolhida como fundamentação do julgado: STF, 2ª T, RE n. 50.177, Rel. Min. *Ribeiro da Costa* e STF, 2ª Turma, RE n. 32.697, Rel. Min. *Afrânio Costa*, ambos aqui já mencionados).

3.2.2. A Súmula n. 114 do Tribunal Superior do Trabalho

Em sentido oposto ao da *Súmula n. 327 do STF*, a *Súmula n. 114 do TST*, estatui que, "É inaplicável na Justiça do Trabalho a prescrição intercorrente", patenteando controvérsia que até hoje grassa na seara do processo trabalhista (mesmo após o advento da Constituição Federal de 5 de outubro de 1988), até porque o TST o manteve quando promoveu, no final de 2003, ampla *revisão* de suas súmulas, cancelando algumas e dando nova redação a outras[36].

A título de ilustração histórica, vale mencionar que a *Súmula* em questão foi aprovado pela *Resolução Administrativa do TST de n. 116/1980, publicada no DJU de 3 de novembro de 1980*. A aprovação ocorreu pelo voto da maioria dos membros da Corte, tendo ficado vencidos os seguintes Ministros: *Hildebrando Bisaglia, Marcelo Pimentel, Miranda Lima, Mozart Victor Russomano, Nelson Tapajós* e *Geraldo Starling Soares.*

Importante também o registro de que, à época da edição da *Súmula n. 114 do TST*, o *art. 896 da CLT* não continha a regra restritiva hoje contemplada em seu *§ 2º*, do seguinte teor: "*das decisões proferidas pelos Tribunais Regionais do Trabalho ou por suas Turmas, em execução de sentença, inclusive em processo incidente de embargos de terceiro, não caberá Recurso de Revista, salvo na hipótese de ofensa direta e literal de norma da Constituição Federal*".

Nessa esteira, para o fim que aqui se objetiva, de rigor também uma verificação dos acórdãos que serviram de *precedentes* fundamentadores da *Súmula* sob foco.

---

(36) Resolução Administração do Pleno do TST n. 121/2003, publicada no DJU de 19 de novembro de 2003 e republicada, em razão de erro material parcial, no DJU de 25 de novembro de 2003.

No *RR n. 4648/70,* a 3ª Turma do TST, Relator Ministro *Renato Machado* consignou[37],

"(...) A outra nulidade preferencial é atinente à prescrição. Por dois motivos, não conheço, por violação do art. 11, a saber, sem ordem de hierarquização:

a) porque na Justiça do Trabalho inexiste a prescrição intercorrente. E na espécie não se pode sequer imputar ao A. qualquer negligência processual. Não foi omisso no andamento do processo, sobretudo, como já assinalado, a inércia, a omissão, a fuga à instauração do inquérito coube a Ré. Destarte, aproveitando-me da lição do lúcido Ministro Arnaldo Süssekind, mesmo que, *ad argumentandum*, fosse admitida a prescrição intercorrente, a responsabilidade por essa prejudicial, na hipótese, seria da empregadora;

b) porque a citação válida interrompe a prescrição, e esta ocorreu em setembro de 1963 e renovada em setembro de 1966, logo após a baixa dos autos. De forma que se aplica à espécie o n. V do art. 166 do C. de Processo Civil. (...)".

A mesma 3ª Turma, no julgamento do *RR n. 1667/71,* Relator *Ministro Leão Velloso Ebert,* assim decidiu[38],

"(...) O feito foi suspenso por adiamento requerido pelas partes que objetivaram uma composição. Sendo a conciliação, a motivação e o objetivo primordiais do processo trabalhista, não se poderia acolher a prescrição por paralisação da lide, quando se intentava a cominação de acordo entre as partes que, finalmente, não veio a se concretizar. E aí, justamente, reside a fundamentação precípua para a afirmativa da inexistência, no processo trabalhista, da prescrição intercorrente. (...)"

No julgamento do *RR n. 1818/71*[39], Relator o Ministro *Newton Lamounier*, restou consignado,

"(...) A tese da prescrição intercorrente tem duas correntes: uma a apoiá-la e outra a negá-la. Encabeça a primeira o ilustre Ministro *Victor Russomano* e têm outros expoentes filiados. Na segunda, a expressiva figura de jurista e magistrado *Arnaldo Süssekind*, além dos Ministros *Tostes Malta, Celso Lanna* e outros vários.

(37) Ac. 3ª Turma n. 407/71, publ. DJ 6.10.1971.
(38) Ac. 3ª Turma n. 1128/71, publ. DJU de 29.11.1971.
(39) Ac. 3ª Turma n. 1263/71, publ. DJU de 23.12.1971.

Sem embargo de lavrar discórdia sobre a tese, preferimos nos filiar à segunda corrente, por entendermos que *no processo trabalhista é ao juiz que se incumbe precipuamente a movimentação do feito.*

De resto, os arestos trazidos pelo Recorrente (o mais recente de 1966) não reflete bem a posição atual desta Corte, que ainda recentemente (24.5.70), pela sua composição plenária, promulgou entendimento oposto. Demais disto, conforme ficou dito na sentença, não coube culpa à parte pela paralisação do feito, não podendo, pois, sofrer as conseqüências. (... sem grifos no original)".

A questão voltou à tona no julgamento do *Proc n. TST-E-RR 719/72*(40), Relator o Ministro *Thélio da Costa Monteiro*, sendo assim deslindada,

"(...) A matéria, além de não ter sido prequestionada em primeira instância, não tem lugar no processo do trabalho, de iniciativa do Juiz e não das partes a sua movimentação até decisão final. Neste sentido reiteradas decisões deste Tribunal Superior, rendendo-me a tais pronunciamentos. De resto, data venia do v. acórdão recorrido, pertinência alguma tem à hipótese o art. 162 do Cód. Civil, bem como a Súmula n. 27 deste Tribunal, não cuidando ambos da prescrição intercorrente, apenas de simples prescrição da ação" (... sublinhado no original).

No mesmo sentido decidiu a Colenda 2ª Turma no *Proc n. TST RR 4362/75*(41), Relator o Ministro Renato Machado, "(...) Tem predominado, nesta Justiça, em face das suas peculiaridades, para que não haja alternatividade de critério, o entendimento da *não prevalência da prescrição intercorrente, ainda que a inércia processual seja da responsabilidade da parte*, também porque cabe à Junta a função específica de zelar pela rapidez processual" (..., sem grifos no original)".

O Tribunal Pleno novamente decidiu, no julgamento do *Proc n. TST RO-AR 348/74*(42), Relator o Ministro *Coqueijo Costa*,

"(...) Na verdade, a sentença do d. Juiz da execução, de fls. 28, declara ter havido a prescrição intercorrente, que foi contada desde 6.5.71, da data da intimação da improcedência dos primeiros

(40) Ac. Tribunal Pleno n. 896/73, publ. DJU de 13.8.1973.
(41) Ac. 2ª Turma n. 584/76, publ. DJU de 22.7.1976.
(42) Ac. TP n. 708/76, publ. DJU de 9.7.1976.

artigos de liquidação, quando a 22.10.71, o credor exercitou a pretensão executória mediante o requerimento do levantamento do depósito, interrompendo inequivocamente o prazo prescricional. E antes do biênio, daí computado, ajuizou novos artigos de liquidação (19.9.73). Não houve abandono do feito, prescrição, nem tampouco prescrição intercorrente, incompatível com o processo do trabalho. *Sendo, a execução trabalhista, de impulso de ofício, foram violados os arts. 765 e 878 da CLT*, invocados pelo autor-recorrente.

Dou provimento ao RO, para desconstituir a sentença exeqüenda, declarar inexistente a prescrição intercorrente e determinar o prosseguimento da execução, com o julgamento dos artigos de liquidação do autor" (... sem grifos no original).

Aqui vale destacar o teor do voto vencido do eminente Ministro *C. A. Barata Silva*, relator originário, no sentido de que,

"(...) A circunstância do autor ter requerido o levantamento do depósito recursal não importou em interrupção do prazo da prescrição para formular a liquidação da sentença. Trata-se, no caso, de ato secundário, amparado pelo que dispõe o § 1º do Artigo 899, CLT. Sua prática não importa em reconhecimento de qualquer outro direito dependente de atuação da parte em decorrência da decisão então exeqüenda. Ação rescisória — Recurso a que se nega provimento.

Como salienta a douta Procuradoria a fls. 61, 'o fato do reclamante ter postulado o levantamento do depósito recursal não tem o condão de interromper a prescrição, além de ser inviável, tendo em vista não haver ainda a liquidação. Competia, sim, ao autor, após o indeferimento dos artigos de liquidação, ingressar com novos artigos e tal não se consumou.

A providência seguinte ocorreu após dois anos de inércia do postulante quando então a MM Junta indeferiu o peticionado decretando a prescrição intercorrente. Tal proclamação foi judiciosa ante a paralisação da lide por mais de dois anos'. Como se vê não houve violação literal de texto de lei, razão pela qual, nego provimento ao recurso" (...).

No julgamento do *Proc n. TST RR 5242/75*[(43)], a Primeira Turma do TST, Relator o Ministro *Lima Teixeira,* assentou que,

---

(43) Ac. 1ª Turma n. 981/76, publ. DJU de 19.10.1976.

"(...) No mérito dou provimento para cassar a prescrição intercorrente determinando o retorno dos autos à Junta de Conciliação e Julgamento para apreciar o mérito no estado atual em que se encontra o processo, pois a prescrição intercorrente é inaplicável ao processo do trabalho, sendo de notar ainda, que indeferida a prova estava presente o seu advogado. (...)".

Não houve unanimidade quanto ao ponto, sendo certo que consta do voto vencido do Ministro Hildebrando Bisaglia, Relator originariamente sorteado,

"(...) Conheço, no entanto, na questão atinente à prescrição intercorrente à vista dos arestos conflitantes. Todavia, nego provimento ao recurso pois entendo aplicável na Justiça do Trabalho as normas referentes à prescrição intercorrente. O princípio do impulso processual não tem aplicação integral na Justiça do Trabalho, cabendo à parte interessada providenciar para fiel cumprimento dos atos que lhe incumbe respeitando os prazos estabelecidos em lei.

Na hipótese a diligência cabia ao autor (fornecer endereço da testemunha arrolada) e no prazo fixado em 15 dias, o que não fez pretendendo após um ano substituir a testemunha. A preclusão é flagrante e a paralisação do processo se deu por omissão do autor. Cabe acentuar que *princípio do impulso processual apenas se encontra expresso em nosso direito positivo, no art. 4º da Lei n. 5.584, de 26 de julho de 1970, que faculta ao Juiz impulsionar o processo* ex officio *no caso de dissídio de alçada exclusiva das Juntas ou quando empregados e empregadores reclamarem pessoalmente.* Não merece reparo o v. acórdão recorrido, pelo que, nego provimento ao recurso"(...).

O Tribunal Pleno, no julgamento do *Proc n. TST-E-RR 1831/74*[44], Relator o Ministro *Orlando Coutinho,* por unanimidade, assentou que,

"(...) Resta, pois, o exame da pretensa violação do art. 4º da Lei n. 5.584/70, pois esta se afirma em função da alegada prescrição intercorrente, ponto em que a D. Turma conheceu da revista mas lhe negou provimento, à alegação de que a paralisação do feito, por mais de dois anos, não se deveu à negligência dos reclamantes, mas à inércia do juízo.

(44) Ac. TP n. 1028/76, publ. DJU de 7.10.1976.

No processo civil, a extinção do processo, pela paralisação do feito pela negligência das partes, só tem lugar se o inerte, intimado pessoalmente, não supre a falta em 48 (quarenta e oito horas) (art. 267, II e § 1º do CPC).

No trabalhista, quem responde pela celeridade processual é o próprio Juiz ou Tribunal que conhece a causa (Russomano), como dispõe o art. 765 da CLT, não revogado pelo art. 4º da Lei n. 5.584/70, que apenas reforçou o entendimento. Tem o Juiz a iniciativa da condução do processo, uma vez formulada a reclamação. Não se pode responsabilizar o titular de um direito 'por uma inércia que não lhe pode ser imputada' (*Câmara Leal*).

Na hipótese em julgamento, a inércia é atribuída ao Juízo, que manteve os autos 'conclusos' por mais de dois anos, inocorrendo a negligência dos reclamantes, como realça o v. acórdão embargado" (... sem grifos no original)".

Por fim, no julgamento do *Proc n. TST-RO-AR 306/76*[(45)], Relator o Ministro Henrique Lomba Ferraz, o Tribunal Pleno novamente decidiu que,

"(...) A tese apregoada como fundamento da ação rescisória é que o biênio prescricional, adotado pelo art. 11 da CLT, aplicar-se-ia aos processos em curso (Súmula n. 327 do Egrégio STF: 'O direito trabalhista admite a prescrição intercorrente'). No entanto, *a jurisprudência trabalhista, reiterada, é no sentido de que o princípio da prescrição intercorrente não se aplica ao processo trabalhista, dado o poder inquisitorial de que é dotado o Juiz nesta Justiça Federal Especializada.* Nada há, pois, que reformar na decisão do Egrégio TRT da 2ª Região, que aplicou ao caso em foco o verbete 343 da Súmula do Egrégio STF (fls. 84)"[(46)] (... sem grifos no original).

Trazidos à colação os acórdãos precedentes que estão na origem das *Súmulas discrepantes*, de rigor mencionar que a controvérsia se espraiou pela doutrina, como menciona *Osíris Rocha* na obra citada anteriormente, anotando alguns signatários da *corrente contrária ao acolhimento da prescrição intercorrente no campo do processo do trabalho:* SÜSSEKIND, Arnaldo. *Comentários à CLT e à legislação*

(45) Ac. TP n. 2249/76, publ. DJU de 6.4.1977.

(46) Nota: *Súmula n. 343 do STF:* "Não cabe ação rescisória por ofensa a literal disposição de lei, quando a decisão rescindenda se tiver baseado em texto legal de interpretação controvertida nos tribunais".

complementar. v. 1, Rio de Janeiro, 1960, p. 250-1, A-7; SILVA, C. A. Barata e SANVICENTE, Breno. *Introdução ao Direito do Trabalho*, Porto Alegre, s.d., p. 449, n. 4; COSTA, Carlos Coqueijo. *A prescrição trabalhista.* São Paulo: LTr, 40:1143-5, set. 1976).

E, na seqüência, aponta também alguns ilustres filiados à corrente majoritária, que se posiciona em sentido contrário, ou seja, pelo acolhimento da prescrição intercorrente: MARANHÃO, Délio. *Instituições de Direito do Trabalho.* 7ª ed., Rio de Janeiro, v. 2, p. 950, D-4, e *Direito do Trabalho.* 5ª ed. Rio de Janeiro, 1977, p. 410; LONGO, Cármino. *Prescrição intercorrente, Trabalho e Seguro Social*, 33:65-73; RUSSOMANO, Mozart Victor. *Comentários à CLT.* Rio de Janeiro, 1952, v. 1, p. 81 e ss., com poderosos e precursores argumentos; MESQUITA, Luiz José de. *Comentários às Súmulas do STF em matéria trabalhista.* São Paulo, s.d., pp. 174-7; GIGLIO, Wagner D. *Direito Processual do Trabalho.* 4ª ed. São Paulo, 1977, pp. 393-5, quanto à execução; TOSTES MALTA, Christovão Piragibe e RODRIGUES ALVES, Ivan Dias. *Comentários à CLT.* Rio de Janeiro, 1974, pp. 56-08, pendendo para 'uma solução intermediária'; TOSTES MALTA, Christóvão Piragibe *Prática do processo trabalhista.* 6ª ed. Rio de Janeiro, 1974, pp. 283-5; NASCIMENTO, Amauri Mascaro. *Na execução, Elementos de Direito Processual do Trabalho.* 2ª ed., São Paulo, 1975, p. 202 e *Curso de Direito Processual do Trabalho.* São Paulo, 1978, p. 276, etc.

3.3. Posicionamento Doutrinário e Jurisprudencial Contrário à Súmula n. 114 do Tribunal Superior do Trabalho

A despeito da evidente juridicidade dos fundamentos adotados pelo TST na edição da *Súmula n. 114*, o fato é que o sentido peremptório e genérico de sua redação demanda que se avaliem as situações concretas em cada caso que se apresente, sendo plenamente possível mitigar-se sua interpretação, à vista, inclusive, dos fundamentos legais, doutrinários e jurisprudenciais aqui já mencionados e que serão reforçados na seqüência.

De fato, ao analisar o tema, *Maria Cristina Alves Delgado de Ávila*[47], menciona acórdão relatado por *Valentin Carrion,* donde se extrai o seguinte trecho:

(47) "Da Prescrição Intercorrente na Justiça do Trabalho", *in Revista LTr*, 67-01/71, vol. 67, n. 01, janeiro de 2003, São Paulo: LTr, 2003.

"(...) É aplicável à Justiça do Trabalho a prescrição intercorrente. *A lei não se revoga por entendimentos jurisprudenciais.* A CLT prevê, como fundamento dos embargos do executado, a prescrição, no art. 884 (a matéria de defesa será restrita às alegações de...). Essa prescrição só poderá ser intercorrente, posterior à sentença do processo de cognição, posto que a anterior é sepultada pela coisa julgada. (TRT SP, 02850245733. Ac. 8ª T., 7.778/ 87, DOE 1.6.87, Synthesis, 6/86, p. 221).

Na mesma esteira, verificando os motivos da resistência ao reconhecimento da *prescrição intercorrente* na Justiça do Trabalho, *José Augusto Rodrigues Pinto*[48], anota que,

(...) O primeiro fator contributivo para isso é o reconhecimento legal da capacidade postulatória de empregador e empregado (convém notar-se bem) pelo art. 791, reafirmado pelo art. 839, *a*, da CLT.

Essa franquia do *jus postulandi* pessoal reflete, sem dúvida, a influência do princípio da proteção do economicamente fraco, vindo do direito material, e abre amplamente as portas dos pretórios trabalhistas aos empregados, maioria absoluta de autores nos dissídios individuais.

Ora, não pode se exigir do leigo, sobretudo dentro de uma massa operária de nível primário ou subprimário de instrução, conhecimentos técnicos exigíveis do profissional habilitado em direito. E, no particular, a exigência de domínio sobre a noção e a neutralização da prescrição intercorrente passa a representar uma armadilha para o empregado que postule pessoalmente, jogando por terra, quando verificada na execução, todo o penoso trabalho de consagração de seus direitos individuais, no mais das vezes de natureza alimentar.

Isso justifica a indulgência processual, rejeitando o rigor do perecimento da ação pela inércia para impulsioná-la, quando já iniciada. Essa indulgência, porém, perde a razão de ser quando, a exemplo da questão *sub analisis*, o empregado estiver assistido por advogado, pois aí se coloca ele, em termos processuais, na mesma posição carecedora de privilégios protetivos da parte na ação cível. E, não havendo razão para privilegiar-se o mais fraco, fratu-

---

(48) *Execução...*, cit., pp. 481/484.

ra-se um dos princípios inarredáveis do direito processual, o da igualdade de tratamento.

O segundo fator constitutivo da orientação do Enunciado TST — 114 é, indubitavelmente, o da maior faculdade de impulso processual conferida ao juiz do trabalho, a ponto de, particularmente, na execução, autorizá-lo a instaurar a instância.

Mais uma vez se positiva na legislação o sentido de absorver a influência do princípio da proteção do hipossuficiente através dessa regra. De fato, a participação mais ativa do juiz no impulso processual dá maior funcionalidade e, conseqüentemente, rapidez à ação, na mesma medida em que supre o natural atarantamento de quem não tem intimidade com seus mecanismos.

No entanto, o próprio legislador trabalhista, demonstrando se haver capacitado da desnecessidade dessa proteção quando o empregado dispõe de assistência profissional, restringiu a regra relativa ao impulso inicial na execução (CLT, art. 878) aos casos de dissídios de alçada exclusiva das Juntas e àqueles em que os empregados e empregadores (ou seja, os autores da ação, futuros exeqüentes da sentença) reclamarem pessoalmente (Lei n. 5.584/70, art. 4º). (...).

Estando, pois, o empregado exeqüente representado por profissional de direito, desaparecem os dois fatores contributivos para a formação do entendimento de ser inoperante a prescrição intercorrente na Justiça do Trabalho (empolgando-se aí os dissídios de cognição e de execução).

A partir daí um privilégio escorado numa interpretação protetiva da insuficiência econômica e da indigência técnica passa a dar lugar a um tratamento discriminatório que violenta a função social da prescrição, que é a de estabilizar as relações jurídicas, impedindo a perpetuação das lides (...)".

Colhem-se a propósito, também, os lúcidos ensinamentos de *Estêvão Mallet*[49]

"(...) A afirmação da prescritibilidade da pretensão executiva trabalhista, formulada no item anterior, não estaria em contradição com os termos do Enunciado n. 114, do Tribunal Superior do Trabalho?

---

(49) MALLET, Estêvão. *Novas e velhas questões...*, cit., pp. 226/227.

Muito se tem criticado a orientação inscrita no Enunciado n. 114, contestada inclusive por parte expressiva da jurisprudência, inclusive do Supremo Tribunal Federal, cuja Súmula n. 327 adota orientação diametralmente oposta. Como quer que seja, a prescrição da pretensão executiva, mencionada no art. 884, § 1º, da CLT, nada tem com prescrição intercorrente.

Com efeito, intercorrente é a prescrição que se verifica durante a tramitação da ação. Extinto o processo, com o acolhimento do pedido ou a celebração de acordo, não há mais possibilidade de prescrição intercorrente. Não há mais ação em tramitação.

Por isso, não cumprindo o reclamado a obrigação que lhe é imposta, se não é, mesmo assim, ajuizada a ação de execução — que é ação diversa, e não mero prolongamento da ação de conhecimento, como se buscou evidenciar acima, no item 6 —, pode verificar-se não a prescrição intercorrente, mas a prescrição da pretensão executiva, prescrição pelo transcurso do lapso de tempo entre uma ação (de conhecimento) e outra ação (de execução), algo completamente diverso de prescrição no curso de uma mesma ação. (...).

Como se vê, a diretriz firmada no Enunciado n. 114 não prejudica em nada a afirmação de que a pretensão executiva sujeita-se à prescrição. E tanto é verdade que nada obsta acolha o sistema jurídico a prescrição da pretensão executiva, sem que dê guarida à prescrição intercorrente. (...).

É preciso, pois, não confundir prescrição intercorrente com prescrição da pretensão executiva (...)".

Ainda nessa linha, o posicionamento de *Emílio Gonçalves*[50],

"(...) Necessário estabelecer uma distinção: todas as vezes em que ocorrer a paralisação do processo, sem que tal fato possa imputar-se à parte, como acontece quando o andamento do feito depende do proferimento de um despacho, permanecendo os autos conclusos por longo tempo, ou quando se aguarda a resposta a um ofício, é curial que não se pode falar em prescrição intercorrente.

---

(50) "Prescrição Intercorrente — Inaplicabilidade na Justiça do Trabalho — A Súmula 114 do Tribunal Superior do Trabalho", *in Revista Vox Juris Trabalhista.* Ano X, volume n. 109, janeiro de 1981, p. 72, São Paulo: Sugestões Literárias.

Quando, porém, *a paralisação do processo decorre de fato somente imputável ao reclamante*, como acontece quando o mesmo é notificado a indicar o endereço do reclamado e não o faz, ou quando é notificado para dar prosseguimento ao feito, mediante a apresentação de artigos de liquidação e também não o faz, deixando escoar-se *in albis* o prazo de dois anos ou mais, não há como recusar-se a prescrição intercorrente. (...)".

Com o mesmo propósito,

"(...) Não obstante o peso dessas justificativas, preferimos ficar com os vencidos pelo Enunciado TST n. 114, seja porque o exercício do *jus postulandi* é, por sua vez, facultativo, incapaz de autorizar quem é parte em juízo a perpetuar o andamento da lide, muitas vezes com propósitos subalternos, seja porque o impulso processual pelo juiz, além de não lhe ser exigido como dever, nem sempre pode dar-se (...)"(51).

Confira-se recentes acórdãos prolatados pelo *TST* e citados por *Marco Aurélio Aguiar Barreto*(52):

"(...) *PRESCRIÇÃO INTERCORRENTE — Entendo não ser aplicável o En. n. 114/TST na hipótese de depender o ato processual de iniciativa da parte*. A prescrição intercorrente é inaplicável na JT quando desacompanhado o reclamante de advogado, ou então naqueles casos em que a paralisação do processo se dá por motivo de desídia do Juízo na efetivação de diligências a seu cargo, tendo em vista o contido no art. 765 da CLT que consagra o princípio inquisitório, podendo o juiz, até mesmo, instaurar execuções de ofício, a teor do art. 878 da CLT.

Não seria razoável estender-se tal interpretação àqueles casos em que o estancamento do processo acontece ante a inércia do autor em praticar atos de sua responsabilidade, sob pena de permanecerem os autos nas secretarias esperando pela iniciativa das partes *ad aeternum*, prejudicando sobremaneira um dos princípios básicos do processo trabalhista, ou seja, a celeridade processual. Recurso não conhecido. (Proc. TST 153.542/94, Rel. Min. Armando de Brito, DJ. 16.2.1996)"(53).

---

(51) RODRIGUES PINTO, José Augusto. *Execução Trabalhista*, cit., p. 94.

(52) *Prescrição Intercorrente no Processo do Trabalho*, cit., pp. 47/49.

(53) Comentando esse v. acórdão, diz *Eduardo Gabriel Saad*: "(...) Tem o aresto certa dose de logicismo. Estamos, porém, em que a idéia nele defendida continuará a ser controvertida por mais algum tempo, notadamente nos casos em que a desídia for atribuída ao reclamante que compareceu a Juízo sem a assistência de um advogado.

"(...) *EXECUÇÃO DE SENTENÇA — PRESCRIÇÃO INTERCORRENTE.* Não obstante o entendimento jurisprudencial desta Corte de que a prescrição intercorrente é inaplicável no processo trabalhista, entendemos que, *excepcionalmente, poderá haver a possibilidade de declarar-se a prescrição intercorrente durante a fase de liquidação de sentença*, porquanto, além de inexistir a alegada 'obrigatoriedade do impulso *ex officio* pelo juiz, a prescrição é instituto de garantia da paz social, impedindo a eternização das lides'.

Há muito se sabe que a Justiça não socorre os que dormem (*dormientibus jus non sucurrit*). Além disso, *não podemos esquecer que alguns atos só podem ser praticados pelas partes, como a apresentação de artigos de liquidação, sendo virtualmente impossível ao juiz substituí-las nestes casos.*

Encontrando-se o processo em execução de sentença, o recurso de revista somente se viabiliza na hipótese de demonstração inequívoca de violação direta de dispositivo da Constituição, nos termos do § 4º do art. 896 da CLT e do En. n. 266 do TST. RR não conhecido." (Proc. TST, RR 356.316/97.6, Acórdão 1ª T., Rel. Min. Ronaldo Leal, DJ. 17.5.2000)".

"(...) *PRESCRIÇÃO INTERCORRENTE* — Esta Justiça Especializada já pacificou o seu entendimento no sentido de que inaplicável a prescrição intercorrente no âmbito das execuções trabalhistas, pois a fase de execução constitui um mero incidente de natureza declaratória da fase cognitiva. *A exceção ocorre somente quando o ato não pode ser impulsionado pelo Juiz, como no caso de apresentação de artigos de liquidação.* Revista conhecida e provida. (Proc. TST, R. 645.538/2000, 2ª T., Rel. Min. José Luciano de Castilho Pereira, DJ. 23.3.2001, p. 630)".

E, nesse mesmo diapasão:

"(...) Tais decisões, alicerçadas em razões lógicas, pois os processos ficaram paralisados por vários anos, *evidenciam a necessidade de se rever o entendimento da não aplicação da prescrição intercorrente no processo do trabalho,* mormente, quando patente o desinteresse do exeqüente na execução.

No acórdão questionado, essa hipótese não impede a prescrição intercorrente. (...)" ("Da Prescrição Intercorrente e o TST", *in Suplemento Trabalhista.* São Paulo: LTr, 1996, ano 32, n. 038/96, p. 227.

Ocorre que, não é lógico, nem racional e muito menos aceitável que o detentor do direito assegurado em juízo, sem qualquer motivo justificável, permaneça inerte por vários anos, como se o judiciário fosse arquivo de processos. E não é só. No moderno direito processual têm sido enfatizados os princípios processuais da efetividade e da celeridade. Tais princípios visam, em ultima análise, a pronta entrega da prestação jurisdicional, nela compreendendo uma justiça célere e eficaz e, para que isso aconteça, é necessário que a parte, virtual interessada no processo, não fique inerte em ato de sua exclusiva responsabilidade. (...)"[54].

Na linha de tudo o que vem de ser exposto, cabe considerar que

"(...) O caráter protecionista do Direito do Trabalho não pode avançar contra o equilíbrio das relações jurídicas processuais, tampouco exacerbar a ponto de subverter a lógica e malferir seus próprios princípios, notadamente, o da razoabilidade, pretendendo, a esse despeito, proteger a inércia da parte, apesar de acompanhada de advogado. Tal posição não se coaduna com o Direito brasileiro. (...)"[55].

Os fundamentos adotados no acórdão adiante são irretorquíveis:

"(...) Nada obstante a orientação sumular, é certo que esta, no atual sistema jurídico em vigor, não tem efeito vinculante, servindo apenas de norte ao órgão julgador. Ademais, a ocorrência da prescrição intercorrente é matéria plenamente reconhecida pela melhor doutrina pátria, e com a devida vênia, *o entendimento perfilhado pela Alta Corte Trabalhista carece de uma revisão*, a fornecer e prestar uma roupagem mais moderna ao instituto posto em discussão.

Segundo o escolho da melhor doutrina, o qual acompanho, é certo que a prescrição intercorrente pode e deve ser decretada tendo em conta o sentido jurídico do instituto, qual seja, medida de ordem pública que objetiva a segurança das relações jurídicas, que não podem ficar indefinidamente comprometidas, aumentando o desgaste social intrínseco em toda pretensão resistida (...).

Segundo ainda os estudiosos do Direito Processual do Trabalho, *a própria CLT traz expressamente a previsão da possibilidade da*

---

(54) MARTINS, Melchíades Rodrigues. "Prescrição Intercorrente — Sua Aplicação no Processo do Trabalho", *in Suplemento Trabalhista.* São Paulo: LTr, 2004, ano 40, n. 049/04, p. 212.

(55) AGUIR BARRETO, Marco Aurélio. *Prescrição Intercorrente...*, cit., p. 53.

prescrição ora estudada, conforme o § 1º do seu art. 884, ao inseri-la como uma das matérias de defesa argüíveis pelo devedor nos Embargos à Execução.

Com efeito, neste caso, só podemos entender que o legislador está se referindo à prescrição intercorrente, porquanto a ordinária só poderia ser alegada na fase de conhecimento, já superada com o trânsito em julgado. Ora, *se a própria lei prevê esse tipo de prescrição, não pode entendimento jurisprudencial dispor ao contrário.* (...)"[56].

E, na mesma direção,

"(...) A prescrição objeto do § 1º do art. 884 da CLT somente pode se referir àquela ocorrida na execução. Por conseqüência lógica não se pode afirmar que não ocorre 'a prescrição do direito de executar a sentença trabalhista'.

Neste caso, a parte somente requereu a execução mais de oito anos após o trânsito em julgado da sentença. Operou-se, pois, a prescrição. *Se o processo .ıão é de alçada exclusiva da Junta de Conciliação e Julgamento e as partes têm advogado, não mais existe o impulso de ofício pelo Juiz, segundo imperativo do art. 4º da Lei n. 5.584/70.*"[57]

Observe-se, por fim, que:

"(...) Todos esses preceitos legais conduzem a inequívoca conclusão de que, o processo de execução é independente do processo cognitivo, já que, este se encerra com a entrega do provimento jurisdicional e aquele tem início com a citação do devedor para pagamento do valor devido.

Entre a sentença que encerra a litispendência e o início do processo de execução, surge entretanto uma fase intermediária, a da liquidação que, nos casos de sentenças totalmente ilíquidas, 'como é freqüente nas lides trabalhistas', só podem ter início por impulso do autor, já que não seria possível falar-se em promoção

---

(56) Proc. TRT 15ª Reg. Campinas SP, AP n. 25.679/98-6, Ac. 5ª T., 040.448/98, 6.10.98, Rel. Juiz Luiz Carlos Cândido Martins Sotero da Silva, *in Revista LTr*, São Paulo, 1999, vol. 63, n. 5, maio de 1999, pp. 674/675.

(57) Proc. TRT 10ª Reg., AP. 0002/91, Ac. 2ª T., 1096/91, 11.06.91, Rel. Juiz José Luciano de Castilho Pereira, *in Revista LTr*, São Paulo, 1993, vol. 57, n. 8, agosto de 1993, pp. 964/965.

de ofício pelo julgador, na medida em que este não tem elementos para tornar líquida a *res judicata.* (...)"[58].

De tudo o que longamente se aduziu é possível dizer que a *Súmula n. 114 do TST* encontra sérias e fundamentadas restrições em relação a sua aplicação indiscriminada, sem qualquer temperamento.

Situações existem, como se pretendeu demonstrar, que nenhuma razão jurídica de relevo fornece sustento sólido à afirmação de que *a prescrição intercorrente é inaplicável na Justiça do Trabalho.*

O *abandono* indefinido da causa por parte do titular do direito, presente em juízo com assistência de profissional do direito ou de Sindicato de classe, não encontra nenhuma justificativa plausível para o afastamento da regra da prescrição extintiva, que conhece inegável prestígio na legislação pátria, encontrando previsão em esparsas leis trabalhistas específicas, mesmo antes da edição do texto consolidado, que a agasalhou de forma expressa e iniludível.

Mais recentemente, a própria *Emenda Constitucional n. 28/2000*, alterou o regime da prescrição em relação ao *trabalhador rural*, exatamente no sentido de, equiparando-a à do trabalhador urbano, ampliar-lhe o âmbito de incidência.

O *princípio inquisitivo*, pelo qual se apregoa que o impulso do processo incumbe ao Juiz, nem sempre é possível de ser aplicado, sem maltrato ao *princípio da imparcialidade* do magistrado.

Além de tudo isso que, salvo melhor juízo, atualmente justifica de forma plena uma *revisão* desse entendimento jurisprudencial sedimentado, existe previsão legal expressa constante do *§ 1º do art. 884 da CLT*, onde se prevê a *prescrição da dívida* como uma das matérias de defesa nos *embargos à execução* a serem apresentados pelo devedor.

Não se pode fazer letra morta dessa disposição legal explícita. E, se assim é, qual seria essa "prescrição" lembrada pelo legislador como matéria defensiva do executado? Se não é a "prescrição da pretensão executória" (que pode ser denominada como "espécie" do gênero "intercorrente", no sentido daquela que eventualmente flui *durante o curso do processo — ou entre o processo de conhecimento e o de execução*), qual seria?

---

(58) TRT SP 2ª Reg. Proc. AP n. 292035460, Ac. 5ª T, Ac. n. 40.401/93, 23.11.93 e n. 11.05, Relatora Juíza Maria Doralice Novaes, *in Revista LTr*, São Paulo, setembro de 1994, vol. 58, n. 09, pp. 1.071/1.073.

Piores resultados trariam para a marcha processual se se entendesse, por hipótese, que tal referência à *prescrição* (que é a *da* "dívida", conforme a dicção legal) guarda relação com aquela relativa ao exercício da *pretensão condenatória*, posto que aí poderia, inclusive, haver confronto com a *coisa julgada*, uma vez que se a mesma não foi oportunamente argüida na *fase cognitiva*, por certo não foi aventada pelo título sentencial, o qual, de resto, não poderá ser alterado na *fase executória*.

Nada obstante tudo isso, o fato é que o *TST*, na recente revisão de suas Súmulas, aprovada em novembro de 2003, manteve incólume a redação do controvertido texto de sua *Súmula n. 114*.

CAPÍTULO 4

A PRESCRIÇÃO DA PRETENSÃO EXECUTÓRIA

Recorde-se, neste ponto, a distinção gramatical já feita no *Capítulo 3*, a respeito dos vocábulos *prescrição intracorrente* (ou *superveniente*) e *prescrição intercorrente* (ou *intermediária*). A primeira seria aquela verificável entre *atos* do mesmo processo. A segunda, ocorreria *entre dois processos.* É importante ter em conta essa diferenciação, especialmente em relação ao tema a ser tratado na seqüência, no que diz respeito à *autonomia do processo de execução trabalhista.*

Com efeito, a *prescrição* nasce com a lesão do direito (*actio nata*), e se consolida através da inércia do respectivo titular em buscar a tutela jurisdicional e exercer a pretensão reparatória correspondente, dentro do prazo legalmente fixado.

Frente a uma eventual lesão de Direito, o trabalhador tem o prazo de cinco (5) anos, na constância da relação de emprego, para postular judicialmente a respectiva reparação, contados, em geral[(1)], a partir da *actio nata.* Ou, então, até o prazo de dois (2) anos após o término do vínculo laboral (CF, 7º, XXIX). Esse é o prazo prescricional fixado na *lex legum* para exercício da *pretensão condenatória,* consubstanciada no *processo judicial cognitivo.*

O provimento jurisdicional (sentença ou acórdão) que, ao final, soluciona a relação jurídica controvertida, removendo a incerteza e estabelecendo, para o caso concreto[(2)], com quem está o direito, resolve o processo de conhecimento, e, com o seu trânsito em julgado, põe fim, de maneira definitiva, à *pretensão condenatória.*

---

(1) Diz-se "em geral" com o objetivo de diferenciar os atos que podem causar lesão em relação a vantagens previstas ou não em texto de lei de observância cogente, conforme, aliás, a especificação feita pela *Súmula n. 294 do TST*: "Tratando-se de demanda que envolva pedido de prestações sucessivas decorrente de alteração do pactuado, a prescrição é total, exceto quando o direito à parcela esteja também assegurado por preceito de lei".

(2) "A sentença que julgar total ou parcialmente a lide, tem força de lei nos limites da lide e das questões decididas" (*CPC, 468*).

Origina-se, a partir daí, a *pretensão executória,* em relação ao título executivo judicial, oriundo da sentença condenatória transitada em julgado, a *"coisa julgada"*(3).

Raramente a sentença é *líquida.* Na grande maioria dos casos ela não estipula a exata quantificação dos valores devidos, razão pela qual necessitará ser *liquidada*, nos moldes em que visto anteriormente (*item 1.3.1.2 retro*), ou seja, através de *simples cálculos, por arbitramento ou por artigos.*

Tem início, então, o que normalmente se designa *fase de liquidação da sentença*, ou, de *acertamento*, ou, ainda, de *pré-execução.* A *liquidação,* nessa conformidade, por pressupor um provimento jurisdicional antecedente, ao qual está umbilicalmente ligada, configura-se como uma *parte* do *processo de execução*, compondo-o como um prefácio, ou uma fase prévia.

Em relação a essa última assertiva dúvidas não subsistem no âmbito do processo do trabalho, seja para aqueles que vêem a execução trabalhista como mera *fase* do processo de conhecimento, seja para aqueles que a consideram um processo verdadeiramente autônomo e independente da atividade cognitiva desenvolvida anteriormente.

Até porque em ambas as situações, *a liquidação sempre comporá o processo de execução de título executivo judicial*, como uma fase precedente e necessária, na grande maioria das vezes.

4.1. Autonomia da Execução Trabalhista

Vem de longa data a controvérsia sobre se no campo trabalhista o *processo de execução* é autônomo ou, ao contrário, se constitui em simples *fase* posterior do *processo de conhecimento*, sendo certo que até hoje não há consenso entre os doutrinadores da matéria.

Em primeiro lugar, por pertinente, tenha-se presente que,

> "(...) Não há como contestar a conclusão de que, do ponto de vista do processo civil, a execução possui nítida autonomia, diante do processo de conhecimento, tanto que pode basear-se em título extrajudicial (CPC, arts. 583 e 585); daí por que ela instaura

(3) "Denomina-se coisa julgada material a eficácia, que torna imutável e indiscutível a sentença, não mais sujeita a recurso ordinário ou extraordinário" (*CPC, 467*).

uma nova relação jurídica processual, sendo que eventual liame que possa ter com o processo de cognição apenas poderá ser admitido sob o aspecto lógico, dado que, em determinados casos, o pressupõe (CPC, arts. 583 e 585). *Moacyr Amaral Santos*, perfilhando esse entendimento, assinala que, embora exista certa conexão entre ambos os processos, a distinção de um para outro é bastante clara, pois decorrem de ações também diversas. (...)"[4].

Posto isso cabe indicar que, especificamente na seara trabalhista, nos tempos que correm, a corrente doutrinária majoritária reconhece a autonomia e independência do *processo de execução*, principalmente após o reconhecimento legal expresso da existência de *títulos executivos extrajudiciais trabalhistas* e da conseqüente possibilidade de sua execução neste ramo específico do Direito[5].

O citado professor *Manoel Antonio Teixeira Filho*[6], embora de início se manifeste no sentido de que:

> "(...) Sem pretendermos ser heterodoxos nesse tema, pensamos que a execução trabalhista calcada em título judicial, longe de ser autônoma, representa, em rigor, simples 'fase' do processo de conhecimento que deu origem à sentença condenatória exeqüenda.
>
> Não se veja nesse nosso entendimento um presuntivo escopo de impor uma involução nos estudos doutrinais a respeito da natureza jurídica da execução; está em nosso propósito, ao contrário, chamar a atenção às marcantes singularidades do processo trabalhista, diante das quais não prosperam aqueles argumentos que tornaram vitoriosa a corrente civilista que defendia a autonomia do processo executivo. (...)".

Ao final, contudo, ressalva[7]:

> "(...) Releva esclarecer que a ausência de autonomia da execução trabalhista, que estivemos a defender, é do ponto de vista ontológico, ou seja, tinha em conta a impossibilidade legal de ela calcar-se em título que não se houvesse originado do processo de conhecimento; daí vinha a razão de a considerarmos como simples fase derivante desse processo.

---

(4) TEIXEIRA FILHO, Manoel Antonio. *Execução...*, cit., p. 45.
(5) Vide art. 876 do estatuto consolidado.
(6) *Execução...*, cit., p. 46.
(7) TEIXEIRA FILHO, Manoel Antonio. *Execução...*, cit., p. 50.

Fôssemos investigar o assunto segundo o prisma teleológico, haveríamos de concluir que a execução trabalhista é autônoma, pois enquanto a finalidade do processo de conhecimento é a solução de um conflito de interesses, mediante a atribuição do direito a um dos contendores, a do processo de execução é fazer atuar, em concreto, o elemento sancionatório que assinala o título executivo emitido no processo de cognição. (...)".

A lição de *Estêvão Mallet*(8), é precisa e abrangente:

"(...) A execução não constitui mera fase do processo de conhecimento. Afirmação em contrário, por vezes ainda encontrada em doutrina e mesmo em um ou outro julgado, constitui reflexo do menor prestígio que no passado se tributava à execução, sem qualquer correspondência, no entanto, com o desenvolvimento hoje alcançado pela ciência processual.

De fato, a execução é ação autônoma, e não mero desdobramento ou continuação do processo de conhecimento. Em primeiro lugar a atividade desenvolvida na execução não se confunde com a que é desenvolvida no processo de conhecimento. Neste o direito é reconhecido e declarado, em atividade preponderantemente intelectiva; naquela é realizado, com transformação do estado de fato. A natureza do litígio é, portanto, diversa num e noutro caso: no primeiro, contesta-se a existência do direito, no segundo nega-se a sua satisfação. As lides, para utilizar a terminologia de *Carnelutti,* são, em decorrência, distintas.

Em segundo lugar, tanto pode haver processo de conhecimento sem subseqüente execução (ação declaratória e ação constitutiva), quanto execução sem prévio processo de conhecimento (execução de título extrajudicial), mesmo no processo do trabalho (CLT, art. 877-A) e, ainda, processo de conhecimento com simultânea execução (execução provisória de sentença).

Em terceiro lugar, evidenciando instaurar-se com a execução nova e verdadeira relação processual, tem início o processo respectivo sempre mediante citação (CPC, arts. 621, 629, 632, 652, etc.), inclusive em matéria trabalhista (CLT, art. 880). (...)".

Anote-se, ilustrativamente, doutos posicionamentos em sentido contrário:

---

(8) MALLET, Estêvão. *Novas e velhas questões...*, cit., pp. 222/223.

"(...) Do processo de execução — autonomia. A matéria ainda é alvo de controvérsias na doutrina. Para aqueles que acham que o processo trabalhista constitui simples ramo ou divisão do processo comum, a autonomia seria indiscutível.

Não se relegue ao olvido que o processo do trabalho prima pela *simplicidade de procedimento*, onde as partes detêm o *jus postulandi* e a execução pode e deve ser impulsionada de ofício pelo juízo monocrático. Temos para nós que se cuida de simples epílogo do processo de conhecimento. (...)"[9]

E,

"(...) acreditamos que a execução no processo do trabalho guarda ainda a antiga noção do processo comum de uma segunda fase dentro do processo do trabalho, em que o conhecimento representa a primeira fase, não desfrutando de autonomia. (...) O conjunto de atos processuais que visa dar cumprimento à coisa julgada, ou ao comando do título extrajudicial, é que compõe a execução no processo do trabalho, lembrando que esta é quase sempre dependente da fase de conhecimento no nosso processo ...).

Mais do que nunca, acreditamos que a execução há de ser objeto de uma revisão, simplificando-a e tornando-a mera fase administrativa de cumprimento do título executivo. Se este for decorrente de sentença, a matéria que se poderá debater deverá ser simplesmente o acerto da sua quantificação e, caso seja título extrajudicial, poderá o legislador elastecer o rol de temas possíveis de defesa pelo executado. Isso, sim, significará avanço no processo do trabalho, pois a execução do modo que hoje se processa permite ao devedor retardar o cumprimento da coisa julgada injustificadamente, ocorrendo em certos casos de a execução prolongar-se por muito mais tempo que a fase de conhecimento, o que é inadmissível. (...)[10]".

É certo que o processo judicial trabalhista, como um todo, não se preocupa tanto, ou melhor, não dá a importância destinada pelo processo civil, ao *formalismo* exacerbado, haja vista as peculiaridades próprias da lide trabalhista, em que num dos pólos geralmente se apre-

(9) OLIVEIRA, Francisco Antonio de. *A execução na Justiça do Trabalho.* São Paulo: Revista dos Tribunais, 1988, p. 21.
(10) TEIXEIRA MANUS, Pedro Paulo. *Execução de Sentença no Processo do Trabalho.* São Paulo: Atlas, 2005, pp. 16/18.

senta o trabalhador (inclusive pessoalmente, através do exercício da faculdade do *jus postulandi*) e quase sempre se controverte a respeito de créditos com nítido *caráter alimentar.*

Parece, todavia, que esse *informalismo* que viceja no processo trabalhista e que intenta, de forma mais célere e simples, resolver a contenda e *dar a cada um o que é seu,* embora útil e louvável, não pode prescindir de reconhecidas noções técnicas desenvolvidas ao longo de décadas pelos processualistas, embora se reconheça o *desnível econômico* naturalmente existente entre os litigantes em uma ação trabalhista (quase sempre empregado x empregador) e o fato de que a execução pode ser promovida de ofício pelo juiz (*CLT, 878*).

Inobstante tudo o que vem de ser exposto, não se pode olvidar que na execução trabalhista (entendida como simples *fase* do processo de conhecimento ou reconhecida sua *autonomia*) faz-se imprescindível assegurar às partes os *princípios processuais fundamentais,* entre os quais avulta a *ampla defesa com a utilização dos meios e recursos a ela inerentes, o tratamento igualitário das partes* e a *imparcialidade do juiz.*

4.2. A Fluência do Prazo Prescricional na Execução Trabalhista

Sem desconsiderar a nutrida celeuma existente a respeito da *natureza jurídica* da execução trabalhista (se autônoma, ou mera fase), mister enfatizar, para o que aqui se objetiva, que a *pretensão executória* nasce com o encerramento (trânsito em julgado) do *processo de conhecimento.*

A partir do momento processual relativo a esse *término* é que principia o *processo de execução* (ou, por outra, que surge a *pretensão executória*), aí englobada a *liquidação do julgado* (objetivando o estabelecimento do requisito da *liquidez* do título executivo) e os atos expropriatórios tendentes à *execução,* propriamente dita, ou seja, à *satisfação do credor.*

E, como já exposto alhures, com o surgimento da *pretensão executória,* recomeça a correr o *prazo prescricional,* que se encontrava interrompido desde a propositura da ação — e até o trânsito em julgado da fase cognitiva —, uma vez não verificada (e não argüida, *oportune tempore*) a *prescrição intercorrente* na fase processual de conhecimento.

Note-se que, estabelecida a *liquidez, certeza e exigibilidade do título executivo judicial*, o devedor será *citado* para pagar ou cumprir a obrigação, realizando, destarte, o fim precípuo da execução, qual seja, a *satisfação* do credor[11].

Caso, todavia, o devedor não pague espontaneamente, nem de outra forma garanta a execução,

> "seguir-se-á penhora de bens, tantos quantos bastem ao pagamento da importância da condenação" (*CLT, 883*), de tal sorte que, "Garantida a execução ou penhorados os bens, terá o executado cinco dias para apresentar embargos", sendo certo que, *coloque-se em destaque*, "A matéria de defesa será restrita às alegações de cumprimento da decisão ou do acordo, quitação ou *prescrição da dívida" (CLT, 884, § 1º)*.

A abrangência dessa *matéria de defesa* (*a prescrição da dívida*) é a que interessa particularmente para os fins aqui almejados.

Nessa linha e no que diz respeito à específica fluência do "prazo de prescrição na execução trabalhista", ensina, com didática exemplar, o magistrado *José Augusto Rodrigues Pinto*[12]:

> "(...) tema bastante tormentoso pelas discussões entre doutrinadores e na jurisprudência, *costuma ser debatido sob a denominação sucinta de* 'prescrição intercorrente' *que, entretanto, abrange temática diferenciada e específica.* (...).
>
> Para os que entenderem ser a execução uma ação autônoma, sob título novo, não resta dúvida de que o prazo prescricional para o exercício do direito à execução por seu titular começa a contar-se com o trânsito em julgado da decisão de conhecimento. Esse é o pensamento, entre outros, de *Liebman*, *Eneccerus, Chiovenda, Carvalho Santos*, *Pontes de Miranda* e *Bevilacqua*, catalogado por *Amaro Barreto* ("Execução Cível e Trabalhista", Rio de Janeiro, Edições Trabalhistas, 1962, p. 91). (...).
>
> Para os que entenderem ser essa execução simples desdobramento ou fase da ação de conhecimento que gerou o título exe-

(11) "O juiz ou presidente do Tribunal, requerida a execução, mandará expedir mandado de citação ao executado, a fim de que cumpra a decisão ou o acordo no prazo, pelo modo e sob as cominações estabelecidas, ou, em se tratando de pagamento em dinheiro, incluídas as contribuições sociais devidas ao INSS, para que pague em quarenta e oito horas, ou garanta a execução, sob pena de penhora" (*CLT, 880*).

(12) *Execução Trabalhista,* cit., pp. 91/93.

qüendo, trata-se de prazo prescricional interrompido com o trânsito em julgado e que tem reiniciada sua contagem. É o que imaginam, entre outros, *Batista Martins, Costa Manso, Orozimbo Nonato* e *Hannemann Guimarães,* também citados por *Amaro Barreto.*

Bem sopesadas as duas posições, vê-se que *a divergência sobre a natureza jurídica da execução fundada em título judicial não muda o resultado prático de que o termo para a contagem do prazo prescricional não se altera, quanto ao seu início, sempre fixado no trânsito em julgado da sentença exeqüenda*, e deve terminar em dois anos, de acordo com o disposto no art. 7º, XXIX, a, segunda parte, da Constituição Federal. (...)".

E esse *prazo prescricional* que recomeça a fluir (para o exercício da *pretensão executória*) possui a mesma duração daquele previsto para o impulsionamento da *pretensão condenatória.*

Nesse sentido, aliás, edita a *Súmula n. 150 do Supremo Tribunal Federal:* "Prescreve a execução no mesmo prazo de prescrição da ação"[(13)].

Tudo isso considerado, traga-se à colação, mais uma vez, a lição de *Estêvão Mallet*[(14)]:

"(...) Chegando o processo de conhecimento ao seu termo, com o acolhimento da pretensão ou, não importa, com a celebração de acordo, a prescrição, que se havia interrompido, volta a fluir.

Não fica indefinidamente interrompida, porque praticado o último ato do processo, sendo certo que a execução, que poderá ou não se seguir, constituirá outro processo, e não mero prolongamento do que se encerrou. (...) *Tal como a pretensão executiva nascente de sentença civil, também a pretensão executiva oriunda de sentença trabalhista sujeita-se à prescrição.* É o que se pode inferir da regra do art. 884, § 1º da CLT, que, ao tratar dos embargos à execução, estatui: 'A matéria de defesa será restrita às alegações de cumprimento da decisão ou do acordo, quitação ou prescrição da dívida'.

---

(13) "(...) a sentença condenatória, apesar de ter eficácia meramente declarativa pelo que diz respeito ao direito material, é, sem dúvida, constitutiva quanto à ação executória, e a execução é processo novo e distinto do de cognição. (...)" (ROSAS, Roberto. *Direito Sumular*, cit., p. 74.

(14) MALLET, Estêvão. *Novas e velhas questões...*, cit., pp. 224/225.

A referência à prescrição, no dispositivo transcrito, só pode ser interpretada de dois modos: ou indica a prescrição ocorrida antes da propositura da ação de conhecimento ou a prescrição da pretensão executiva, verificada depois de firmada a condenação. Não existe terceira hipótese. Pois bem, diante dessas duas possibilidades de interpretação, a última é a que melhor se ajusta à garantia constitucional da coisa julgada. Admitir pudesse ser suscitada em execução a prescrição ocorrida antes da sentença condenatória diminuiria sensivelmente a estabilidade da coisa julgada, reduzindo em muito o significado art. 5º, inciso XXXVI, da Constituição. (...)".

Vem a talho, também, o posicionamento da juíza *Iara Alves Cordeiro Pacheco*[15]:

"(...) entendemos que o processo de execução é um processo autônomo e não simples fase do processo de conhecimento. (...).

No entanto, quando a sentença transita em julgado e o Exeqüente não se preocupa em dar início aos atos de acertamento (liquidação), que no processo trabalhista estão inseridos no processo de execução, então o caso é de prescrição da execução e não prescrição intercorrente. (...)".

Ademais, urge lembrar que,

"(...) é preciso considerar-se com exatidão o que seja a prescrição intercorrente para não se veicularem hipóteses falsas. *Manoel Antonio Teixeira Filho,* por exemplo, embora ensinando que a 'prescrição intercorrente é a que ocorre no curso da ação', procura configurá-la na situação em que o exeqüente não proponha artigos de liquidação dentro do prazo prescricional.

Nada mais falso, *data vênia*, pois, *sendo a liquidação integrante do processo de execução,* como o mesmo autor reconhece, *então a prescrição exemplificada não é intercorrente, mas é da ação executória, com termo inicial de contagem na data do trânsito em julgado da sentença exeqüenda, líquida ou ilíquida quando se encerra a ação de conhecimento.* A menos que o ilustre processualista ainda perfilhe a anacrônica idéia de cognição e execução

(15) "Prescrição Intercorrente x Prescrição da Execução", *in Revista LTr*, São Paulo: LTr, Vol. 60, n. 10, outubro de 1996, pp. 1.305/1.306.

constituírem ação única dividida em fases, como parece ser o caso. (...)"[16].

Muito embora se reconheça o estofo jurídico e a inequívoca pertinência dos pronunciamentos que vêm de ser transcritos, no sentido da fluência do curso do prazo prescricional na execução trabalhista, o fato é que a jurisprudência sumulada do *Tribunal Superior do Trabalho* assim não interpreta, como se constata da sua *Súmula n. 114*, já abordado de forma ampla no *item 3.2.2 retro*.

E, ainda, coloca-se em sentido diametralmente oposto, ao menos aparentemente (embora de forma literal!), ao entendimento firmado pelo *Supremo Tribunal Federal*, conforme visto no *item 3.2.1 retro*, e se extrai da seguinte judiciosa manifestação:

> "(...) paralisada a ação no processo de cognição ou não da execução por culpa do autor, por mais de dois anos, opera-se a chamada prescrição intercorrente; mesmo que caiba ao juiz velar pelo andamento do processo (CLT, art. 765), a parte não perde, por isso, a iniciativa; *sugerir que o juiz prossiga à revelia do autor, quando este não cumpre os atos que lhe forem determinados, é como o remédio que mata o enfermo.*
>
> Pretender a inexistência da prescrição intercorrente é o mesmo que criar a *lide perpétua* (RUSSOMANO, *Comentários à CLT*), o que não se coaduna com o Direito Brasileiro. *Entretanto, a prescrição intercorrente trabalhista, reconhecida pelo STF (Súmula n. 327), é contestada por grande parte da doutrina* (SÜSSEKIND, *Comentários, Amaro, Tutela,* I) e por *Súmula do TST n. 114, apesar de haver lei expressa que a prevê (CLT, art. 884, § 1º).* (...)"[17].

Firmemente posicionado nas lições dos estudiosos do assunto e, diante do flagrante uso indiscriminado da expressão *prescrição intercorrente* para se referir à fluência de prazo prescricional durante o curso da lide em qualquer uma de suas fases, é possível sustentar entendimento segundo o qual, tendo em mira cada uma das particularidades próprias de cada fase do processo judiciário trabalhista, se faça uma diferenciação que, em cada caso concreto, distinga a verificação do fenômeno em relação a cada uma das diversas *fases processuais*.

Nem é necessário chegar-se ao ponto de rejeitar a expressão consagrada pela praxe forense (*prescrição intercorrente*), que pode

---

(16) RODRIGUES PINTO, José Augusto. *Execução...*, cit., pp. 483/484.
(17) CARRION, Valentin. *Comentários à CLT...*, cit., pp. 77/78.

ser utilizada amplamente, embora seja de melhor rigor técnico reservá-la apenas para alusão de sua ocorrência durante o *processo de conhecimento* (enquanto na persecução da *pretensão condenatória*).

Para melhor caracterizá-la e expungir dúvidas que possam surgir, imprescindível se afigura, entretanto, referir-se a qual fase processual se está a remeter, ou, por outra, *em qual fase do processo a prescrição intercorrente se verificou*. Essa especificação fará com que o intérprete saiba precisamente qual o momento processual a incidência se estabeleceu, analisando a situação mediante a aplicação das particularidades próprias de cada qual.

Concluindo, fundamental é mesmo "qualificar" a *prescrição intercorrente*, para que se tenha claro, de forma precisa, *a qual prescrição intercorrente* se *refere*: à da fase de conhecimento; àquela da fase de liquidação, ou, por fim, à da execução propriamente dita.

O uso generalizante da expressão, como se procurou demonstrar ao longo destas linhas, causa mais dúvidas do que esclarecimentos, não contribuindo para a exata configuração do instituto que, inegavelmente, possui virtudes que não podem ser desprezadas, diante do reconhecido prestígio que a *prescrição* goza em nosso ordenamento jurídico, reflexo da valoração que o sistema outorga a seus fundamentos políticos e ideológicos.

A partir disso se pode dizer, com segurança e inobstante os termos da *Súmula n. 114 do TST*, que a *prescrição intercorrente*, efetivamente, não é aplicável ao *processo trabalhista cognitivo* (*pretensão condenatória*).

Em contrapartida, a *prescrição intercorrente*, é, sim, plenamente aplicável na *fase de liquidação de sentença* (*pretensão executória*), que compõe e integra o *processo de execução trabalhista*.

Relativamente à *execução trabalhista*, propriamente dita, se reportará com maior vagar no Capítulo seguinte, haja vista que, nessa específica matéria, incidem outros pormenores peculiares.

CAPÍTULO 5

A PRESCRIÇÃO DA EXECUÇÃO

Até aqui se investigou sobre a *prescrição intercorrente* na fase processual de conhecimento, relativamente a sua eventual ocorrência no interregno que medeia entre a propositura da ação e o trânsito em julgado da *pretensão condenatória* (*Capítulo 3*), e, sobre a *prescrição da pretensão executória* (*Capítulo 4*), ou seja, a eventualmente verificável no período que vai da *fase de acertamento* do crédito, englobando a *liquidação* da decisão condenatória, até a sentença que homologa os respectivos cálculos; fixa o efetivo *quantum debeature* determina a *citação* do devedor, para que pague a condenação (*CLT, 879* e *880*).

Agora, perquirir-se-á sobre a possibilidade de ocorrência de *prescrição* na *execução* do julgado propriamente dita, qual seja, entre a determinação de *citação para pagamento* e o efetivo adimplemento, ou não, da obrigação consubstanciada no título executivo judicial.

Pelos termos dos *arts. 880 e 884, § 1º, da CLT*, o devedor será citado para *pagamento* ou *garantia da execução*, sendo que, nesta segunda hipótese, poderá apresentar *Embargos*, cuja matéria ficará restrita 'às alegações de cumprimento da decisão ou do acordo, quitação ou *prescrição da dívida'*.

Como já visto anteriormente, essa *prescrição da dívida*, refere-se ao eventual transcurso do prazo prescricional após o trânsito em julgado da condenação (da definição da *pretensão condenatória*), ou seja, na *fase de acertamento* da condenação (ou *liquidação do julgado*; ou *fase de pré-execução*), vez que a *prescrição* em relação ao exercício do *direito de ação* correspondente deveria ter sido argüida na oportunidade própria[(1)], ou seja, na *instância ordinária* do proces-

---

(1) "(...) PRESCRIÇÃO — ALEGAÇÃO — OPORTUNIDADE. Cogitando a CLT, no art. 884, § 1º, de 'prescrição da dívida', a prescrição suscetível de embargos à execução é unicamente a superveniente à sentença exeqüenda, isto é, a prescrição para a execução. Não se pode ressuscitar, em embargos à execução, prescrição atinente à ação de cognição, a respeito do que silenciou a parte, na ocasião propícia, sob pena de vulnerar-se a autoridade da coisa julgada material" (TRT-PR-AP 0349/92, Ac. 1ª T. 7.961,

so (*CF, 7º, XXIX, e, Súmula n. 153 do TST*), como enfocado no capítulo anterior.

A questão que ora se coloca refere-se à possibilidade, ou não, de verificação de *prescrição* após a homologação da *liquidação da sentença* (com a estabilização da *fase de acertamento*) e conseqüente determinação de citação para pagamento ou garantia da execução.

Nesse passo, de rigor esclarecer que o *art. 889 da CLT* determina expressamente: "Aos trâmites e incidentes do processo da execução são aplicáveis, naquilo em que não contravierem ao presente título, os preceitos que regem o processo dos executivos fiscais para a cobrança judicial da dívida ativa da Fazenda Pública Federal".

A Lei de Execução Fiscal (Lei n. 6.830, de 22 de setembro de 1980), no que tange à matéria que ora se enfoca, determina:

> "*Artigo 40: O Juiz suspenderá o curso da execução, enquanto não for localizado o devedor ou encontrados bens sobre os quais possa recair a penhora, e, nesses casos, não correrá o prazo de prescrição.*
>
> § 1º *omissis;*
>
> § 2º Decorrido o prazo máximo de 1 (um) ano, sem que seja localizado o devedor ou encontrados bens penhoráveis, o Juiz ordenará o arquivamento dos autos.
>
> § 3º Encontrados que sejam, a qualquer tempo, o devedor ou os bens, serão desarquivados os autos para prosseguimento da execução."

Destarte, ao que aparenta, a *Lei de Execução Fiscal,* estaria prevendo a *imprescritibilidade* da execução fiscal movida pela *Fazenda Pública,* e, mediante aplicação subsidiária, da *execução trabalhista.*

Estar-se-ia, então, diante de um caso de *perpetuação da lide*, vez que os autos, *a qualquer tempo*, poderiam ser *desarquivados, prosseguindo a execução*, desde que localizados o devedor ou bens de sua propriedade?

Não parece *razoável*, contudo, admitir-se tal proposição sem maiores questionamentos. Isso ainda mais avulta a partir de uma interpretação sistemática do ordenamento jurídico, levando-se em conta, aliás, tudo o que até aqui já se expôs sobre a natureza e objetivos do instituto jurídico da *prescrição.*

Rel. Juiz João Oreste Dalazen, DJPR, 30.10.92, p. 49, *in* FERRARI/MARTINS, *Julgados* III/547). Cf. CAMPOS BATALHA, Wilson de Souza & RODRIGUES NETTO, Silvia M. L. Batalha de. *Op. cit.*, p. 92.

A primeira questão que surge diz respeito, a saber, se essa disposição específica da *Lei de Execução Fiscal (o artigo 40)* seria aplicável subsidiariamente, ou não, à *execução trabalhista,* diante do fato de que a *CLT* contém norma específica a respeito, o *§ 1º de seu art. 884.*

De fato, esse dispositivo consolidado alude expressamente a *prescrição da dívida,* como uma das matérias passíveis de alegação na defesa do devedor. E se assim incontroversamente é, resta saber qual seria essa *prescrição.*

Um primeiro ponto que se enfatiza novamente, e que parece ser inconteste, é que o citado *§ 1º do art. 884 da CLT* não se refere (não poderia se referir) à *prescrição* relativa ao exercício do direito de ação tendente a reparar direito lesado, posto que esta deveria ter sido discutida no *processo de conhecimento.* E, se não o foi e a sentença exeqüenda silenciou à respeito, não se poderá discuti-la na respectiva *execução,* pena de restar configurada ofensa aos termos da *coisa julgada.*

Descartada essa possibilidade, restam os outros dois *períodos processuais* componentes da *execução trabalhista*, aqui também já aludidos: *a)* a *pretensão executória,* relativamente à *fase de acertamento ou de liquidação,* e, *b)* a *execução,* propriamente dita, relativa aos atos de *coerção patrimonial,* objetivando expropriação de bens do devedor para efetiva satisfação do credor.

A despeito do pouco que revela a parte final do *§ 1º do art. 884 da CLT,* a prescrição ali referida, parece ser inequívoco diante do que aqui já se viu (e inobstante os termos da *Súmula n. 114 do TST*), aplica-se à hipótese ventilada na letra *a* do parágrafo anterior (ou seja, pode ser verificada na *fase de liquidação,* mediante o transcurso do prazo legalmente previsto, desde que a movimentação dos autos fique paralisada por inércia que possa ser imputada exclusivamente ao credor, e desde que a mesma não possa ser suprida pelo impulso oficial atribuído ao magistrado, como, por exemplo, ocorre no caso de falta de apresentação de *artigos de liquidação*).

Não é ocioso destacar que tal conclusão não se modifica pelo fato de que a possibilidade de argüição da prescrição está *localizada* em dispositivo que trata de matérias passíveis de discussão em *Embargos à Execução* (que pressupõe o término da *fase de liquidação*; a *garantia do juízo* e o início da *execução,* propriamente dita, mediante a *citação para pagamento*).

E isso porque essa oportunidade processual (a de apresentação dos *Embargos*) seria, a rigor, a mais adequada para discussão da matéria, tanto não obstando as considerações que serão feitas no Capítulo seguinte, uma vez que a *CLT* estabelece expressamente:

> "*Artigo 879:* Sendo ilíquida a sentença exeqüenda, ordenar-se-á, previamente, a sua liquidação, que poderá ser feita por cálculo, por arbitramento ou por artigos.
>
> *§ 1º:* Na liquidação, não se poderá modificar, ou inovar, a sentença liquidanda, *nem discutir matéria pertinente à causa principal.*
>
> *§ 1º-A:* A liquidação abrangerá, também, o cálculo das contribuições previdenciárias devidas.
>
> *§ 1º-B: As partes deverão ser previamente intimadas para a apresentação do cálculo de liquidação*, inclusive da contribuição previdenciária incidente.
>
> § 2º: Elaborada a conta e tornada líquida, o Juiz *poderá* abrir às partes prazo sucessivo de 10 (dez) dias para impugnação fundamentada com a indicação dos itens e valores objeto da discordância, sob pena de preclusão.(...)".

Ou seja, as partes *devem ser intimadas* para apresentação do cálculo (*CLT, 879, § 1º-B*). Contudo, após tornada *líquida a conta* não se torna imprescindível a *intimação* das partes (*CLT, 879, § 2º*), podendo ocorrer sua *homologação* sem a concessão de prazo para impugnação da mesma, posto que nesse parágrafo está escrito que o Juiz *poderá* (faculdade e não dever) abrir prazo às partes para impugnação fundamentada.

Dessa sorte, o momento da apresentação dos *Embargos* afigura-se mesmo como o mais adequado para alegação da *prescrição*, cujo transcurso do prazo eventualmente se tenha verificado na *fase de liquidação* do julgado.

Superada a *fase de acertamento*, inicia-se a *execução*, propriamente dita, devendo ser verificado o exato sentido da norma contida na parte final do *§ 1º do art. 884 da CLT e no art. 40 da Lei n. 6.830/80*, no que tange à verificação da *prescrição.*

A *prescrição* referida pelo estatuto consolidado como *matéria defensiva argüível em sede de Embargos*, tanto pode ser aquela verificável na *fase de liquidação*, como na fase posterior (após o encerramento do *acertamento*, com a definição do efetivo *quantum debeatur*), até porque a singeleza da dicção do *§ 1º do art. 884 da CLT* não exclui qualquer uma dessas possibilidades.

E, não havendo exclusão expressa, poderia haver o reconhecimento da *prescrição*, até em função da natureza e objetivos de tal instituto jurídico, conforme se expôs de forma minudente no Capítulo 2 *retro*.

Assim, na primeira hipótese, parece ser irrecusável o reconhecimento da possibilidade de fluência do *prazo prescricional*. Mas, isso também ocorreria em relação à segunda, ou seria aplicável o *art. 40 da Lei n. 6.830/80*?

Ora, se se reconhece que a parte final do *§ 1º do art. 884 da CLT* refere-se indistintamente a esses dois *momentos processuais* (*v.g.*, *fase de acertamento* e *execução mediante coerção patrimonial e atos expropriatórios*), então deverá ser reconhecido que a *CLT* possui norma própria, não havendo possibilidade de aplicação da *norma subsidiária* da *Lei de Execução Fiscal*.

Nesse sentido, recentíssimo acórdão do TRT SP:

"(...) A prescrição de que trata o § 1º do art. 884 da CLT só pode ser, porém, a prescrição intercorrente, quando a parte vai alegá-la nos embargos. Assim, *se a própria CLT regula a matéria, não há como se aplicar a Lei n. 6.830/80*. A prescrição de que trata este artigo é a intercorrente, que é a alegada posteriormente à sentença que transitou em julgado. (...)"[2].

Ademais, se assim não for, como interpretar-se a regra do *§ 1º do art. 884 da CLT*? Não existem outras possibilidades. A menos que dela se olvide, o que não é possível, a todas as vistas. Se o estatuto consolidado prevê expressamente essa possibilidade de defesa, não se pode simplesmente ignorá-la.

Por outro lado, é indene de dúvidas que a adoção de conclusão que albergue o acolhimento da *prescrição da dívida* somente será possível se se verificar que o autor *abandonou* a execução, ou seja, que não continuou exercitando os meios possíveis a seu dispor para tentar localizar o devedor e a existência de bens penhoráveis.

Enquanto estiver diligenciando nesse sentido, inclusive requerendo nos autos a tomada de providências tendentes a esse fim, não haverá que se falar em curso do lapso prescricional. Todavia, isso não acontecendo e restando *paralisado* o processo, poderá ocorrer a fluência do prazo prescricional.

Tal fluência somente não ocorrerá se: *a)* essas providências não possam ser supridas pelo impulso oficial; *b)* o credor esteja em juízo

(2) Proc. TRT 2ª Reg., AP n. 00474199224102000, Ac. 20050014867, Rel. Juiz Sérgio Pinto Martins, publ. DOESP de 15.2.2005.

mediante a utilização da faculdade do *jus postulandi*, e, *c)* não se trate de "dissídio de alçada exclusiva da Vara", ou seja, o processo não esteja abrangido pela disposição constante do *art. 4º da Lei n. 5.584/70*(3).

Com efeito, tendo restado *líquido, certo* e *exigível* o título executivo judicial trabalhista, a execução deverá prosseguir (*v.g.*, *coerção patrimonial e atos de expropriação*) até seu final, mediante *impulso oficial* do Juiz, não havendo qualquer outro motivo plausível de paralisação do processo (que possa ser atribuível exclusivamente ao credor) que não sejam exatamente as hipóteses previstas pelo *art. 40 da Lei de Execução Fiscal:* a falta de localização do devedor ou de bens de sua propriedade que possam ser *penhorados.*

E aqui o nó górdio da questão: não localizado o devedor ou bens penhoráveis, pode haver o transcurso de *prazo prescricional* ("prescrição intercorrente", grosso modo, na *execução*)?

Para que se evite a perenização da lide judicial e se estabilizem as relações jurídicas, diante dos fundamentos jurídicos, políticos e ideológicos que informam o instituto da *prescrição*, a resposta é pela afirmativa. Isso mais se afigura claro frente aos termos do referido *§ 1º do art. 884 consolidado.*

Ressalte-se que essa conclusão não será possível se o credor, dentro do prazo máximo de dois anos, sucessivamente, requeira a realização de diligências tendentes a localizar o devedor ou bens de sua propriedade (*v.g.*, expedição de ofícios ao Banco Central; à Receita Federal; aos Cartórios Eleitorais e de Registro de Imóveis; Departamentos de Trânsito, etc.).

Enquanto estiver *diligenciando* na tentativa de prosseguir a execução, não é possível falar-se em curso do prazo prescricional. No entanto, se *abandonar* o processo, deixando-o paralisado por mais de dois (2) anos, sem qualquer providência ou razão jurídica impeditiva, possível será reconhecer-se a ocorrência da *prescrição* (*intercorrente*).

---

(3) "(...) *2.43 — Prescrição em execução.* "A prescrição objeto do § 1º, do art. 884 da CLT somente pode se referir àquela ocorrida na execução. Por conseqüência lógica, não se pode afirmar que não ocorre 'a prescrição do direito de executar a sentença trabalhista'. Neste caso, a parte somente requereu a execução mais de oito anos após o trânsito em julgado da sentença. Operou-se, pois, a prescrição. *Se o processo não é de alçada exclusiva da Junta de Conciliação e Julgamento e as partes têm advogado, não mais existe o impulso de ofício pelo juiz, segundo imperativo do art. 4º da Lei n. 5.584/70*" (TRT-10ª Reg. 2ª T., Ac. 1.096/91, Rel. Juiz José Luciano de C. Pereira, DJU 12.9.91, p. 220-45, *in* FERRARI/MARTINS, *Julgados* I/404). Cf. CAMPOS BATALHA, Wilson de Souza & RODRIGUES NETTO, Silvia M. L. Batalha de. *Op. cit.*, p. 137.

Por outro lado, a considerar-se, apenas e isoladamente, os termos do *art. 40 da Lei n. 6.830/80,* a resposta necessariamente será pela negativa, visto que o seu *§ 3º* edita expressamente que os autos poderão ser desarquivados, e prosseguir, *a qualquer tempo.*

Todavia, os ensinamentos da doutrina e jurisprudência específicas procuram, na análise de tal dispositivo legal, mitigar-lhe a rigidez e peremptoriedade, aduzindo que essa regra não pode ser interpretada de forma isolada, devendo ser aplicada à luz do que prevê o *art. 174 do Código Tributário Nacional* (Lei n. 5.172, de 25 de outubro de 1966):

> "*Art. 174*: A ação para a cobrança do crédito tributário prescreve em cinco anos, contados da data da sua constituição definitiva.
>
> *Parágrafo único*: A prescrição se interrompe:
>
> *I* — pela citação pessoal feita ao devedor;
>
> *II* — pelo protesto judicial;
>
> *III* — por qualquer ato judicial que constitua em mora o devedor;
>
> *IV* — por qualquer ato inequívoco, ainda que extrajudicial, que importe em reconhecimento do débito pelo devedor".

Abordando a temática, lembra *Luiz Mélega* (4), que o *Supremo Tribunal Federal* (RTJ n. 105/194) já decidiu que a Lei n. 5.172/66 (o *Código Tributário Nacional*), foi recebida no mundo jurídico como de *natureza complementar,* e que a 1ª Turma do *Superior Tribunal de Justiça,* já decidiu no Resp. 97.328-PR (96-0034817-0, publ. DJU de 23.3.98) que a prescrição para a cobrança de crédito tributário é de cinco anos, como está previsto no art. 174 do CTN, *aí compreendendo-se a prescrição intercorrente,* acrescentando que:

> "(...) Nos termos dessa decisão, se o processo fiscal permanecer parado pelo prazo de cinco anos, aguardando diligência ou outra medida qualquer por parte da Fazenda Pública, sem qualquer ato que o movimente no sentido da cobrança do crédito fiscal, *está consumada a prescrição, não obstante a disposição do art. 40 da Lei n. 6.380/1980, que não poderia prevalecer em confronto com dispositivo de Lei Complementar (art. 174 do CTN).* (...)".

Humberto Theodoro Junior (5) posiciona-se de maneira contundente:

---

(4) "Legislação Tributária — Execução Fiscal — Prescrição Intercorrente — Código Tributário Nacional e Lei das Execuções Fiscais — decisão do Superior Tribunal de Justiça", *in Suplemento Tributário,* São Paulo: LTr, 1998, ano 34, n. 076/98, pp. 393/394 (sem grifos no original).

(5) *Lei de Execução Fiscal — Comentários e Jurisprudência.* São Paulo: Saraiva, 2000, pp. 142/146 (sem grifos no original).

"(...) O art. 40 acrescentou às hipóteses do art. 791 do Código de Processo Civil mais um caso de suspensão da execução, cujo fundamento é a não localização do devedor executado.

Até aí, nada de mais, pois é razoável suspender-se a execução mesmo antes da citação, quando não se vê conveniência de despender maiores somas com publicações de edital, para prosseguir-se num processo sem probabilidades de êxito financeiro.

O absurdo da inovação do art. 40 está, porém, na suspensão indefinida da prescrição, enquanto durar a suspensão, também indefinida, do processo executivo arquivado, sem mesmo ter-se completado a relação processual pela citação do devedor. (...)

Em razão do regime especial de suspensão do curso da execução fiscal previsto pelo art. 40 da Lei n. 6.830 para ocorrer antes da citação do devedor, quando este não é localizado, *surgiu a necessidade de evitar-se a interpretação literal, pois esta acabaria provocando a aberração de criar-se direito obrigacional imprescritível* em favor da Fazenda Pública.

A perplexidade inicial foi, todavia, inteiramente superada pela exegese jurisprudencial. Assim, o Supremo Tribunal assentou que: 'A interpretação dada, pelo acórdão recorrido, ao art. 40 da Lei n. 6.830/80, *recusando a suspensão da prescrição por tempo indefinido, é a única susceptível de torná-lo compatível com a norma do art. 174, parágrafo único, do Cód. Tributário Nacional,* a cujas disposições gerais é reconhecida a hierarquia da lei complementar' (STF, RE 106.217-SP, Rel. Min. Octavio Gallotti, ac. de 8.8.86, RTJ, 119-328). (...)

Outro problema, ainda ligado à prescrição, refere-se à admissibilidade ou não da prescrição intercorrente, depois de citado o devedor na execução fiscal.

Hoje, pode-se dizer tranqüilo o entendimento jurisprudencial de que a Fazenda Pública não pode abandonar a execução fiscal pendente sem correr o risco da prescrição intercorrente, desde é claro que a paralisação dure mais do que o qüinqüênio legal.

Assim, o STF reconheceu que, não tendo a Fazenda Pública requerido a prorrogação de que cuida o art. 219, §§ 3º e 4º, do CPC, e nada tendo diligenciado para que a citação do devedor se cumprisse antes de completar o prazo prescricional, caracterizou-se a inércia suficiente para que a prescrição intercorrente se consumasse (RE 99.867-5-SP, 1ª T., Rel. Min. Néri da Silveira, ac. de 30.4.84, DJU, 1º de mar. 1984, p. 2098). (...)

Convém ressaltar, no entanto, que a prescrição intercorrente pressupõe inércia imputável à Fazenda Pública exeqüente, pelo que, se o atraso se deve a outros interessados, a extinção da execução fiscal não se dará. (...)".

Na mesma linha de raciocínio:

"(...) Ademais, o art. 40 da Lei n. 6.830/80, nos termos em que foi admitido em nosso ordenamento jurídico não pode revestir-se do atributo de prevalência necessária a amparar a manutenção do processo em aberto, *ad infinitum*.

Isto porque a sua aplicação há de sofrer os limites impostos pelo art. 174 do Código Tributário Nacional, pois repugna aos princípios informadores do nosso sistema de Direito a prescrição indefinida, porque caracterizadora de indesejável situação de insegurança jurídica. (...).

A orientação da doutrina também se tem sido no sentido de que é de todo inconveniente permitir-se a perpetuação dos interesses em conflito caracterizados por pretensões resistidas. Com efeito, os doutrinadores José Afonso da Silva, Carlos Guimarães, Milton Flaks e Luiz Celso Barros veementemente repudiam a possibilidade da suspensão por tempo indefinido do processo de execução fiscal, que obstacularizaria a incidência do instituto da prescrição.

Por mais relevante que seja o direito protegido — a cobrança do tributo — não justificaria, no abalizado magistério desses juristas, a perpetuação e a elisão do princípio da prescrição.

Destarte, tanto no ensinamento da doutrina como no da jurisprudência, são significativos os posicionamentos quanto às iniludíveis inconveniências de tal *contendae perpetuatio*. (...)"[6].

Dessume-se então, de todo o exposto, que é possível o transcurso do *prazo prescricional* contado a partir da decisão que estabiliza o *quantum debeatur* e determina a citação do devedor para adimplemento (*CLT, 880*), com fundamento na parte final do *§ 1º do art. 884 da CLT*, inobstante o disposto no *art. 40 da Lei n. 6.830/80* e a diretriz

---

(6) MARQUES, Fernando. "Prescrição Intercorrente e Execução Fiscal", *in Revista Ibero-Americana de Direito Público*, volume IV, Coords. Mauro Roberto Gomes de Mattos e Geraldo Magela Alves, Rio de Janeiro: América Jurídica, 2001, pp. 18/19.

apontada pela *Súmula n. 114 TST.* Salvo, evidentemente, melhor juízo interpretativo.

A tal conclusão se chega pela exegese de inaplicabilidade subsidiária do *art. 40 da Lei n. 6.830/80* à execução trabalhista, por esta possuir norma expressa e específica acerca da temática — *art. 884, § 1º da CLT.*

De qualquer sorte, mesmo que assim não se entenda, o fato é que o referido *art. 40 da Lei n. 6.830/80*, não possui a *amplitude* que sua redação parece sugerir, uma vez que a mesma, acaso tomada em sua literalidade, necessariamente conduziria (pela indefinição explícita de seu texto em relação ao período de *suspensão da execução* e de *arquivamento provisório dos autos* — já que não estipula o *dies ad quem*) ao reconhecimento de existência de efetiva *imprescritibilidade* do direito à exigibilidade da pretensão, o que não encontra guarida em nosso ordenamento jurídico sistematizado.

Além do mais, caso ainda assim não seja, patente restaria a *eternização da lide*, o que também não é admitido por nosso sistema jurídico, ante o inegável prestígio reconhecido à regra prescricional, sempre agasalhada em nosso Direito, com o objetivo de pacificação e estabilização das relações sociais, e os olhos voltados à concretização da imprescindível segurança jurídica.

Ao que se pode verificar, a conclusão acima expendida é a que sobressai cristalina da análise da melhor doutrina e da jurisprudência emanada do *Supremo Tribunal Federal* e do *Superior Tribunal de Justiça*, na interpretação outorgada à legislação reguladora da questão ora examinada.

Esse, aliás, foi o caminho trilhado pelo legislador na reforma que vem sendo implementada nas leis que regem nosso processo civil, vez que o *art. 6º da Lei n. 11.051, de 29 de dezembro de 2004,* houve por bem incluir um *§ 4º no art. 40 da Lei n. 6.830/80*, com o seguinte teor: "Se da decisão que ordenar o arquivamento tiver decorrido o prazo prescricional, o juiz, depois de ouvida a Fazenda Pública, poderá, de ofício, reconhecer a prescrição intercorrente e decretá-la de imediato".

Na linha do quanto preconizado por tal texto legal e em alinhamento com a jurisprudência que vinha se sedimentando, recentemente[(7)], o Superior Tribunal de Justiça editou sua *Súmula de Jurisprudência n. 314,* com o seguinte teor:

---

(7) Publicação no DJU de 8 de fevereiro de 2006, p. 258.

"Em execução fiscal, não localizados bens penhoráveis, suspende-se o processo por um ano, findo o qual se inicia o prazo da prescrição, qüinqüenal intercorrente".

Desse modo, no campo trabalhista, cumprido o ritual do *art. 880 da CLT* (*v.g.*, requerida a execução e expedido o mandado citatório competente), caso o devedor não seja localizado, nem bens de sua propriedade que suportem a efetivação da *penhora*, e esgotados os meios possíveis para consecução dessa finalidade, deverá ser *suspensa a execução pelo prazo máximo de 1 (um) ano*, após o que deverá ser determinado o arquivamento (provisório) dos autos, conforme previsto pelo *art. 40, e parágrafos, da Lei n. 6.830/80.*

Durante o prazo de suspensão (máximo de um ano) da execução, por óbvio, face a expressa determinação legal, não correrá o prazo de *prescrição*[(8)].

Transcorrido, contudo, esse prazo máximo, a partir daí passará a fluir o prazo de dois anos (*CF, 7º, XXIX*) para verificação da "*prescrição da dívida*" (ou, genericamente, da *pretensão executória* — ou *pretensão executiva* — ou, ainda, da *prescrição intercorrente*), quando, então, a prescrição operará seus efeitos, desde que, é evidente, tenha restado caracterizada a *inércia* do credor (que, por sua vez, esteve demandando em juízo através do concurso de advogado — ou assistência sindical) e que, por fim, não se trate de *dissídio de alçada exclusiva da Vara.*

Confira-se, por oportuno: "(...) Em conseqüência, não se verificando o adimplemento espontâneo da prestação fixada em sentença ou estabelecida em acordo homologado judicialmente, *consuma-se a prescrição da pretensão executiva trabalhista passados dois anos, se não houver contrato de trabalho em vigor, ou cinco anos, na hipótese contrária.* (...)"[(9)].

---

(8) "(...) A suspensão provisória da execução fiscal, com fundamento no art. 40, ou seja, pelo prazo de um ano, vem atender a uma necessidade da Fazenda Pública que precisa desse espaço de tempo para diligenciar e obter informações quanto à localização do devedor e ou de seu patrimônio, quando isso não é possível dentro da relação processual. Nesta hipótese, e por igual prazo, usufrui a Fazenda Pública da suspensão da prescrição. Por outro lado, frustradas as diligências no sentido de obter os dados faltantes para o prosseguimento do processo, e decorrido o lapso temporal da suspensão, o processo desloca-se para o arquivo provisório, onde permanecendo pelo período de cinco anos, será inevitável o reconhecimento, a requerimento da parte interessada, da prescrição intercorrente. (...)". MARANGONI BASTON, Regina Helena. "Suspensão da Execução Fiscal". *Revista Jurídica da Universidade de Franca*, ano 2, n. 3, nov./1999, p. 203.

(9) MALLET, Estêvão. *Novas e velhas questões...*, cit., pp. 228/229.

Anote-se, igualmente, entendimento em sentido contrário, no que tange ao efetivo *prazo* para verificação da *prescrição:*

"(...) PRESCRIÇÃO — INTERCORRENTE DA PRETENSÃO EXECUTIVA PROCESSO O TRABALHO — PRAZO APLICÁVEL".

Segundo dispõe a Súmula n. 150 do Excelso Supremo Tribunal Federal, a execução prescreve no mesmo prazo da ação. Logo, *como o direito de ação quanto a créditos resultantes das relações de trabalho prescreve em cinco anos*, a teor dos arts. 7º, XXIX, da CF 1988 e 11, inciso I, da CLT, segue-se que *o mesmo lapso temporal deve ser considerado na contagem da prescrição intercorrente da pretensão executiva.*

Nem se alegue que o prazo em questão seria de dois anos, porquanto a prescrição bienal incide apenas se a ação for ajuizada após o biênio que sucede a extinção do contrato de trabalho. Uma vez observado o limite temporal de dois anos, a prescrição incidente é a qüinqüenal. Agravo de petição de que se conhece e a que se dá provimento." (TRT 9ª Reg., Proc. 00985-1991-012-09-00.0 — Ac. 27087/03, Rel. Juiz Arnor Lima Neto, DJPR 5.12.03, p. 428)[10].

Todavia, parece ser possível contestar a conclusão emanada do acórdão que vem de ser referido, uma vez que a contagem do prazo de *cinco anos* somente é feita quando há *contrato de trabalho* em vigor. Não havendo, o prazo é sempre de dois anos, seja para o exercício da *pretensão condenatória*, seja para verificação, nas hipóteses legalmente previstas de *interrupção da prescrição*, da *prescrição intercorrente.*

(10) *LTr — Suplemento de Jurisprudência.* São Paulo: LTr, 2004, ano 03, n. 04/2004, p. 29.

CAPÍTULO 6

OS MEIOS E OPORTUNIDADES DE ARGÜIÇÃO DA *PRESCRIÇÃO INTERCORRENTE*

Resta enfocar as oportunidades e os respectivos meios processuais que o demandado dispõe para postular a observância da *prescrição liberatória* durante o curso de uma ação trabalhista.

A primeira delas, como se afigura curial, apresenta-se por ocasião da apresentação da defesa, e se refere à própria *exigibilidade* da *pretensão condenatória* veiculada no pedido inicial (*CF, 7º, XXIX*).

Como destacado no Capítulo 2 *retro*, a *prescrição* atinge a pretensão condenatória no que se refere à exigibilidade do direito invocado, acarretando a extinção do correlato *direito de ação.*

Não atinge o *direito de ação* em si mesmo considerado, vez que este sempre poderá ser exercitado pelo titular, inobstante tenha decorrido o *prazo prescricional* definido para que quanto ao *direito material* respectivo se possa postular a prestação jurisdicional.

Tanto assim é que: *a)* embora a aplicação da regra extintiva da prescrição agora possa ser pronunciada de ofício pelo Juízo, sempre poderá ser objeto de renúncia expressa por parte do *prescribente*, e *b)* não permite a *repetição do indébito*, ou seja, caso o devedor pague dívida que estiver *prescrita*, não poderá exigir sua restituição(1) sob tal fundamento, conforme expressamente preceitua o *art. 882 do Código Civil*, "Não se pode repetir o que se pagou para solver dívida prescrita, ou cumprir obrigação judicialmente inexigível".

E isso porque, mesmo prescrita, a dívida ainda subsiste(2). Caso, no entanto, fosse pretendido seu pagamento em juízo, a tal poderia se

---

(1) "Todo aquele que recebeu o que lhe não era devido fica obrigado a restituir..." (*Artigo 876 do Código Civil*).

(2) "(...) Denomina-se *obrigação natural aquela que não provê o credor de meios jurídicos de constranger o devedor ao seu cumprimento.* São exemplos tradicionais de obrigações

opor o devedor, mediante alegação de ocorrência da *prescrição liberatória.*

Além do mais, como é sabido, a parte pode *renunciar* aos efeitos da prescrição, ou seja, em princípio, pode não pretender seja a mesma aplicada e observada em determinada situação concreta(3).

Caso a prescrição extintiva definida no inciso *XXIX do art. 7º da Constituição Federal* não seja argüida por ocasião da oportunidade processual da apresentação da *contestação*, ainda assim, poderá ser argüida "em qualquer grau de jurisdição" (*CC, 193*), assim entendida aquela exercitada durante a *instância ordinária* (*Súmula n. 153 do TST*), ou seja, até a apresentação das razões ou contra-razões de recurso ordinário. Após, não poderá mais ser brandida, restando consolidada a questão a esse respeito.

Há, porém, como se procurou demonstrar nas páginas antecedentes, a possibilidade de requerer a aplicação da *prescrição intercorrente*, assim entendida aquela que flui a partir "da data que a interrompeu, ou do último ato do processo para a interromper" (*CC, 202, parágrafo único*).

Destaque-se que, como visto anteriormente, muito embora edite a *Súmula n. 114 do TST* que a *prescrição intercorrente é inaplicável na Justiça do Trabalho*, a matéria está longe de restar pacificada no âmbito da doutrina e jurisprudência(4), sendo mesmo prevalecente a opinião de que, dadas determinadas circunstâncias, afigura-se perfeitamente possível a ocorrência de *prescrição intercorrente* em lides

---

naturais as *dívidas prescritas* e as advindas de jogos e apostas. (...)" (NERY JUNIOR, Nelson & ANDRADE NERY, Rosa Maria de. *Novo Código Civil...*, cit., p. 312.

(3 "A renúncia da prescrição pode ser expressa ou tácita, e só valerá, sendo feita, sem prejuízo de terceiro, depois que a prescrição se consumar; tácita é a renúncia quando se presume de fatos do interessado, incompatíveis com a prescrição" (*Art. 191 do Código Civil*).

(4) "(...) A aplicação da prescrição intercorrente no processo trabalhista é tema igualmente muito polêmico em doutrina e jurisprudência. A questão é esta : enquanto dura o processo inicia-se, ou não, um novo prazo de prescrição? (...) Em meu entender, 'pode ou não' ser decretada a prescrição intercorrente, conforme o reclamante tenha, ou não, concorrido diretamente para a paralisação do processo. Assim, se não houve inércia voluntária do autor, mas exclusivamente omissão do juízo, não se deve decretar a prescrição intercorrente. (...) Entretanto, se, ao contrário, a paralisação do processo deveu-se a um comportamento 'omissivo' do autor, deve-se decretar a prescrição intercorrente. (...)" (DALAZEN, João Oreste. "Liquidação e Execução de Sentença, Controvérsias no Processo do Trabalho", *in Revista Trabalho & Doutrina*, vol. 16, março de 1998, Diretor Valentin Carrion, São Paulo: Saraiva, pp. 33/34.

trabalhistas, o que, aliás, encontra respaldo na *Súmula n. 327 do STF*, que afirma tanto ser possível.

Com efeito, o curso do prazo prescricional está sujeito a incidência de *causas interruptivas*, o que, ocorrendo, torna sem efeito o lapso anteriormente transcorrido, passando a ser feita *nova contagem* (*o prazo recomeça a fluir, de forma integral*).

A propositura da ação é uma das principais causas interruptivas da prescrição. Durante seu curso, e em relação a cada ato do processo, a *prescrição* volta a fluir, podendo ocorrer (e ser decretada) uma vez presentes seus requisitos ensejadores, quais sejam: *a)* inércia (ou negligência) do titular do direito na prática de atos de sua exclusiva responsabilidade e desde que os mesmos não possam ser supridos pelo *impulso oficial* do Juiz, por meio da concretização do *princípio inquisitivo* que norteia nosso sistema processual (*CPC art. 262*); *b)* fluência do prazo legalmente previsto, e, *c)* argüição expressa por parte do beneficiário.

Ainda, para que tal ocorra no âmbito do processo trabalhista, mister que o titular do direito esteja assistido por advogado ou pelo sindicato representativo de sua categoria profissional (ou seja, não tenha exercido a faculdade de *reclamar pessoalmente,* através do *jus postulandi,* ainda vigorante), e, não se trate de demanda sujeita a *alçada exclusiva da Vara do Trabalho*, conforme definido pelo *art. 4º da Lei n. 5.584/70.*

Como também se procurou demonstrar no *item 3.1* do presente, a *prescrição intercorrente* na *fase cognitiva* da lide trabalhista, é muito difícil de ocorrer, já que, em sendo o caso, mais adequado se apresenta o reconhecimento da ocorrência de *preclusão processual* ou mesmo a decretação da *extinção do processo sem julgamento do mérito.*

Um exemplo, mencionado pela doutrina, trata da situação na qual o reclamante (por seu advogado), pendente a realização de providência que lhe competia, retira os autos da Secretaria da Vara e só os devolve após decorridos mais de dois anos, pressupondo-se, no exemplo dado, não tenha sido determinado pelo Juízo, no interregno, a *busca e apreensão* dos autos (*CPC, 195 e ss.*).

Ocorrendo tal situação afigura-se possível o reconhecimento da *prescrição intercorrente,* desde que, verificadas as demais condicionantes, seja requerida pela parte beneficiária, o que, aliás, poderá ser feito mediante o concurso de *simples petição,* na qual reste devidamente fundamentado o *pedido* e a respectiva *causa de pedir.*

Ressalve-se que, nessa específica hipótese, mesmo que o processo tenha ficado paralisado por *culpa* do autor (titular do direito), ainda assim, sempre se poderá alegar que o Juízo deveria ter determinado a *busca e apreensão dos autos,* o que redundaria em reconhecer que houve comportamento omissivo, já que o *impulso oficial* propugna ser de responsabilidade do Juiz o célere andamento do processo. Por essa linha de argumentação, em última análise, não se poderia, em princípio, acolher-se a ocorrência de *prescrição intercorrente.*

Essas, em apressados apontamentos, as possibilidades de verificação da prescrição na lide trabalhista de conhecimento.

Após o trânsito em julgado do provimento jurisdicional que apreciar o mérito da *pretensão condenatória*, e caso não haja o adimplemento espontâneo da obrigação, nasce a *lesão do direito*, e, com ela, a respectiva *pretensão executória* em relação ao título executivo judicial.

Na grande maioria dos casos, a sentença não é *líquida*, motivo pelo qual, antes da *citação para pagamento ou cumprimento da obrigação*, há necessidade de uma fase prévia para *liquidação do julgado* (*fase de acertamento; pré-execução*), que se destina a dotar o título executivo de *liquidez, certeza e exigibilidade*, para que possa aparelhar devidamente a *execução* através de *coerção patrimonial do devedor* e mediante *atos judiciais de expropriação de bens de sua propriedade, para completa satisfação do credor.*

Essa fase processual de *liquidação da sentença*, é bom que se relembre, compõe e integra o *processo de execução trabalhista*, seja ele entendido como mero desdobramento da fase cognitiva, ou, por outra vertente, seja considerado plenamente *autônomo* em relação ao *processo de conhecimento.*

E é justamente nesse momento do processo trabalhista que se encontram as maiores possibilidades de verificação da *prescrição intercorrente*, embora alguns doutrinadores, nessa circunstância, prefiram designá-la como *prescrição da pretensão executória ou superveniente.*

De fato,[1] com o trânsito em julgado da decisão condenatória, o prazo prescricional, que se encontrava interrompido pela *propositura da ação* (e, evidentemente, não tendo sido verificada *prescrição intercorrente* durante a tramitação do processo até sua solução por provimento jurisdicional de mérito), volta a fluir, iniciando sua recontagem, desde então e até a sentença que homologa o *acertamento* dos cálculos do *quantum* devido e determina a *citação* do devedor para cumprimento espontâneo da obrigação.

Dúvidas não restam, de tudo o que aqui já se viu, que não há a fluência desse "novo" *prazo prescricional* desde que verificadas uma das seguintes situações: a) o processo seja de alçada exclusiva da Vara; b) o reclamante esteja em juízo pessoalmente, ou seja, exercita o *jus postulandi,* e, c) o andamento do processo possa ser determinado pelo Juízo, independentemente da participação do autor, sem quebra dos *princípios da imparcialidade e da igualdade de tratamento das partes.*

Ocorrendo qualquer uma dessas hipóteses, não há que se falar em curso do lapso de *prescrição intercorrente*, conforme se tem por pacificado na doutrina e jurisprudência.

A situação se inverte, no entanto, se o reclamante estiver representado em Juízo por profissional do Direito (ou assistido por seu Sindicato de classe) e não se trate de *dissídio de alçada exclusiva da Vara.*

Nesse caso, nada obstante a diretriz traçada pela *Súmula n. 114 do TST*, a corrente majoritária perfilha o entendimento de que é possível o fluxo do prazo e a eventual decretação de *prescrição superveniente da pretensão executória* (também denominada "intracorrente", para aqueles que entendem que a execução de título executivo judicial trabalhista se caracteriza como simples *fase* do *processo de conhecimento* — aí, então, a prescrição seria aquela verificável entre *atos, ou fases,* do mesmo processo —, ou, ainda, "*intercorrente*", para o entendimento de que a execução é *autônoma*, e, então, seria verificável *entre dois processos*).

De fato, diante da natureza e dos objetivos do ordenamento jurídico ao agasalhar regra prescricional extintiva, nada justifica a *paralisação* ou o *abandono* do processo, que restaria sem solução indefinidamente, gerando o que se poderia chamar de *lide perpétua.*

Em casos que tais, eventualmente verificáveis em *execução trabalhista*, há, ainda, que se fazer menção a duas outras distinções, decorrentes da interpretação que se empresta aos já citados *arts. 765 e 878 da CLT*, combinados com o *art. 4º da Lei n. 5.584/70*, no que tange à aplicação do *princípio inquisitivo* ('impulso oficial') e à possibilidade de promoção da execução *de ofício* pelo Juiz:

a) a primeira distinção refere-se a promoção *ex officio* da execução pelo Juiz, entendendo uma corrente que o art. 878 da CLT, não estabelece um dever para o magistrado, mas sim, uma possibilidade (uma faculdade, ou um dever ético ou moral) de fazê-lo. Esse aliás, foi um dos fundamentos adotados pelo *Supremo Tribunal Federal* na edição de sua Súmula n. 327, como aqui já se verificou quando da transcrição dos acórdãos que lhe serviram de precedentes.

Outra corrente, embora minoritária, entende que, a despeito da utilização do verbo "poder" pelo dispositivo legal em comento, haveria sim, em face das particularidades, natureza e especificidades do processo trabalhista, um verdadeiro "dever" do Juiz, não podendo, em qualquer hipótese, haver o reconhecimento da *prescrição intercorrente* na execução trabalhista.

b) a outra distinção a ser feita nesse momento refere-se ao fato de que, tanto em uma situação, como em outra (ou seja, independentemente do fato de se entender que a execução deva ser processada, ou não, de ofício pelo Juiz), específica situação haveria em que o magistrado não poderia movimentar o processo de ofício, sem quebra do *princípio da imparcialidade.*

Tal se verifica quando, para determinação da *liquidez* do título executivo judicial houver necessidade da apresentação de *artigos de liquidação*, oportunidade em que, como já visto, há a necessidade de se alegar e provar fato novo.

Neste caso, devendo ou podendo promover a execução de ofício, afigura-se cristalino que eventual *iniciativa* pelo magistrado configuraria clara quebra do *princípio da imparcialidade do juiz.*

Assim, havendo necessidade de liquidação de um título judicial através da apresentação de *artigos de liquidação*, independentemente da possibilidade de promoção da execução de ofício pelo magistrado, o processo deverá ficar paralisado à espera da providência que compete única e exclusivamente ao titular do direito.

É claro que, em tal situação, não se afigura razoável entender que o processo permanecerá *paralisado indefinidamente,* como uma *lide perpétua.*

Possível seria, então, diante de um direito legitimamente exercitável (a *pretensão executória*); da inércia ou negligência do credor na realização de providências necessárias à concretização do direito; da fluência do prazo legalmente estabelecido, e, por fim, de oportuno requerimento do beneficiário, o reconhecimento e a declaração da ocorrência da *prescrição intercorrente* (ou, *intracorrente*, ou, *superveniente da pretensão executória,* conforme o intérprete entenda a natureza do *processo de execução trabalhista*).

E aqui talvez resida a maior possibilidade de compatibilização das súmulas de jurisprudência já por tantas vezes referidas: a de n. 327 do STF e a de n. 114 do TST, ou seja, através da exata delimitação e definição das fases e circunstâncias processuais da lide trabalhista, que permitam a verificação de suas particularidades em cada caso concreto, até em função do conteúdo *generalizante* de tais súmulas, e, além disso, da extrema singeleza e peremptoriedade das respectivas redações.

Parece ser claro então que, em qualquer circunstância, admitida a possibilidade de ocorrência e decretação da *prescrição intercorrente* no processo do trabalho, o respectivo requerimento poderá ser veiculado através de simples petição, não havendo necessidade de formalidades outras.

E isso porque a *prescrição* acarreta a *inexigibilidade* do título executivo, ou seja, tal ocorrendo, o título não estaria apto a aparelhar devidamente uma *execução*, exatamente por faltar-lhe um dos requisitos legalmente exigidos e pressupostos para tanto.

6.1. Os Embargos à Execução

Inobstante a conclusão externada na parte final do tópico anterior (no que tange à veiculação do requerimento através de *simples petição*), cabe considerar que a regra do *art. 884, § 1º, da CLT*, refere-se a *matérias de defesa* do devedor argüíveis no âmbito de *Embargos à Execução.*

A interposição de *Embargos à Execução* pressupõe a *garantia do juízo*, seja através de *depósito* do respectivo valor, seja através de *penhora em bens* suficientes e que bastem para a satisfação do débito(5).

---

(5) "(...) Constitui princípio da execução trabalhista impedir qualquer discussão sem que o juízo esteja garantido, pois aí reside uma característica importante do processo do trabalho, com o objetivo de dotá-lo de celeridade. (...). Como se vê, a regra sujeita as partes à garantia do juízo para que possam discutir qualquer fato ocorrido desde a liquidação da sentença, ou impugnar qualquer ato até então praticado no processo. (...)" (TEIXEIRA MANUS, Pedro Paulo. *Execução de Sentença...*, cit., pp. 107/108.

De fato, a execução de título judicial ou extrajudicial (líquido, certo e exigível), como é notório, não objetiva, nem permite, a *discussão* entre as partes acerca do direito controvertido, posto já estar materializado no título correspondente. A *citação* não é feita para que o réu venha se defender, mas sim, para que cumpra ou pague a obrigação.

Ou seja, como ensina *Humberto Theodoro Junior*[6],

> "(...) O fim da execução é apenas e simplesmente a *realização* da sanção expressa no título. Essa objetividade do processo executivo não exclui, é óbvio, a possibilidade de controvérsias, quer entre as partes, quer entre o credor e terceiros atingidos pelos atos de execução.
>
> Como a execução não é de índole contraditória, nem seu rito é predisposto ao tratamento das controvérsias acaso surgidas, deverão estas ser debatidas e solucionadas em procedimentos incidentes especiais. Denominam-se *embargos* os incidentes em que o devedor ou terceiro procuram defender-se dos efeitos da execução forçada. (...)".

No campo do processo civil, bem mais *formal*, os *Embargos* são reconhecidos como *ação autônoma* do devedor contra o credor, com tratamento procedimental detalhado; processados em autos apartados, em apenso, etc.

Valentin Carrion, após retratar essas particularidades, elucida que:

> "(...) a inovação não se aplica ao processo trabalhista, onde a mesma sentença deverá julgar a impugnação à liquidação e os embargos e onde, expressamente, a lei os prevê nos mesmos autos (CLT, 884, § 4º) (...)"[7].

O processo do trabalho, intentando ser o mais célere e objetivo possível, não se apega a formalismos exagerados e prevê que a defesa do devedor seja veiculada através dos embargos, processados e julgados nos próprios autos, sem formalidades outras que não aquelas estabelecidas no citado *art. 884 da CLT*.

---

(6) *Processo de Execução...*, cit., pp. 391/392 (com grifos no original).

(7) "(...) A doutrina atribui aos embargos à execução caráter de verdadeira ação (e não de simples defesa), onde o embargante é autor e o embargado réu. (...) Trata-se de ação de cognição incidental de caráter constitutivo, conexa à execução, que pretende extinguir o processo ou desconstituir a eficácia do título executivo, a relação jurídica líquida e certa. (...)". *Comentários à CLT...*, cit., pp. 717/718.

Dessa forma, estabelecido o *quantum;* citado o devedor, e, garantido o juízo, aparece a possibilidade de apresentação de defesa do devedor, cujas matérias passíveis de alegação estão circunscritas pelo já referido *§ 1º do art. 884 da CLT.*

Feitas tais considerações, apresenta-se oportuno considerar, face ao tema que aqui se examina, que a ocorrência de *prescrição intercorrente* pode ter sido verificada durante a *fase de acertamento*, e, aí, como ainda não está definido o efetivo *quantum debeatur*, não haveria que se falar em *garantia do juízo*, nem haveria que se pretender, em homenagem aos *princípios da celeridade e da informalidade* que regem o processo do trabalho, que se aguardasse a estabilização do *quantum;* a correspondente citação para pagamento, seguida de depósito ou penhora, para, só então, propiciar-se os *Embargos à Execução* que permitissem a argüição e eventual decretação da *prescrição intercorrente* ocorrida.

Note-se que, como já destacado, ocorrendo a *prescrição*, prejudicada estaria a própria *exigibilidade* do título, que, portanto, não poderia aparelhar a *execução*, por faltar-lhe requisito essencial e irrelevável.

Também pode ocorrer que, citado o devedor, não se localizem bens para *penhora*, nem haja *depósito para garantia do juízo.* E caso tenha, como ora se cogita, ocorrido o transcurso do lapso prescricional na *fase de acertamento,* não se afigura razoável, aqui também, aguardar até que concorram os pressupostos necessários para apresentação dos *Embargos à Execução*, e só então possibilitar-se a discussão da matéria.

As situações enfocadas nos três últimos parágrafos serão melhor analisadas no tópico seguinte, que tratará da possibilidade, doutrinariamente construída, de apresentação de *defesa* pelo devedor, na execução trabalhista, sem a existência da correspondente *garantia do juízo.*

6.2. A Exceção de Pré-executividade

A objeção processual que ficou conhecida como "exceção de pré-executividade", não encontra regência expressa no ordenamento jurídico positivado, tendo sido originalmente identificada, e delineados seus contornos, através de elaboração doutrinária, encontrando, posteriormente, ampla receptividade na jurisprudência, não sendo raras as situações em que é admitida e acolhida.

A doutrina é unânime em reconhecer que foi *Pontes de Miranda* o primeiro jurista a traçar os contornos atuais da exceção em tela, admitindo a possibilidade de defesa do devedor, no processo de execução, independentemente de *garantia do juízo* e da apresentação de correspondentes *embargos à execução* (8).

Consoante relata *Galeno de Lacerda*(9):

"(...} No célebre caso "MANNESMANN", *Pontes de Miranda* deu magistral parecer que, embora elaborado sob a vigência do Código de 1939, mantém inteira aplicabilidade em relação ao novo. Tratava-se de ações executivas de títulos extrajudiciais, com assinatura falsificada de um dos diretores. Visavam os autores, com as penhoras sucessivas, em grande número, dos depósitos bancários e das rendas da empresa, levá-la à paralisação total.

Nesse parecer, mostra *Pontes* como os embargos do executado não lhe esgotam todas as possibilidades de defesa. Há defesas fundadas em exceções de pré-executividade do título, que o Juiz deve considerar antes de qualquer cogitação de penhora: 'Quando se pede ao Juiz que execute a dívida (exercício das pretensões pré-processual e processual à execução), tem o Juiz de examinar se o título é executivo, seja judicial, seja extrajudicial. (...) A penhora ou o depósito somente é de exigir-se para a oposição de embargos do executado; não para a oposição das exceções e de preliminares concernentes à falta de eficácia executiva do título extrajudicial ou da sentença. Uma vez que houve alegação que importa em oposição de exceção pré-processual ou processual, o Juiz tem de examinar a espécie e o caso, para que não cometa a arbitrariedade de penhorar bens de quem não estava exposto à ação executiva'.

Quando, em face de uma situação concreta, a interpretação e aplicação literal da lei conduzem ao absurdo, deve o Juiz buscar

---

(8) A propósito, lembra *Yone Frediani* (*Exceção de Pré-Executividade no Processo do Trabalho*, São Paulo: LTr, 2002, pp. 43/44), com respaldo em *Alberto Camiña Moreira*, que "essa forma de defesa do executado já foi lei entre nós, com o Decreto n. 848, de 11 de outubro de 1890, que cuidou da Organização da Justiça Federal, estabelecia, para o processo de execução fiscal, que 'comparecendo o réu para se defender antes de feita a penhora, não será ouvido sem primeiro segurar o juízo salvo se exibir documento autêntico de pagamento da dívida, ou anulação desta'. Eis aí a defesa sem embargos, sem garantia do juízo. (...)".

(9) "Execução de Título Extrajudicial e Segurança do Juízo", *in AJURIS — Revista da Associação dos Juízes do Rio Grande do Sul*, publicação do Tribunal de Justiça do Rio Grande do Sul, Porto Alegre, n. 23, ano VIII, 1981, novembro, pp. 11/13.

outra exegese, porque o ilogismo e a aberração jurídica jamais estiveram nas cogitações do legislador e na finalidade objetiva da norma.

Assim, se o atual C PC exige, no art. 737, I, a segurança prévia do juízo pela penhora, para admissibilidade dos embargos do executado, claro está que a regra pressupõe execução normal com obediência dos pressupostos da ação executória.

Se esses pressupostos ou condições inexistem, ou ocorre grave suspeita em tal sentido, constituiria violência inominável impor-se ao injustamente executado o dano, às vezes irreparável, da penhora prévia, ou, o que é pior, denegar-lhe qualquer possibilidade de defesa se, acaso, não possuir ele bens penhoráveis suficientes. (...)".

Assim, essa discussão (a *exceção de pré-executividade*), ou esse meio de *defesa*, poderia ser veiculada naquelas situações em que houvesse claro *defeito* no título aparelhador da execução, no qual, de pronto, sem necessidade de maiores questionamentos, se verificasse sua *inexeqüibilidade*, por lhe faltar (ou ser defeituoso) algum de seus requisitos essenciais, retirando-lhe, portanto, a *força executiva.*

De fato, ausente essa *força* no título cuja execução se pretende, seria permitido ao executado demonstrar a falta de tais pressupostos, extinguindo no nascedouro o prosseguimento da tutela judicial vindicada, sem que, para tanto, houvesse a necessidade de *prévia garantia do juízo.*

Nesse caminhar, a *exceção de pré-executividade* seria apta para obstar desnecessária constrição de bens de propriedade do devedor, que, em tais circunstâncias, como se afigura evidente, não teria contra si um título executivo, nos moldes em que explicitamente exigido pela lei, para que propicie a instauração da *execução forçada.*

Se de imediato se verifica a inexeqüibilidade ou inexigibilidade do pretenso *título executivo* (sem que para tanto, evidentemente, se demande dilação probatória apta a respaldar as alegações do *excipiente*), não seria justo, efetivamente, que se exigisse o comprometimento de patrimônio do devedor, mediante penhora, para, somente após, possibilitar o debate judicial e posterior reconhecimento de falta dos requisitos do título executivo.

Esclarece *Manoel Antonio Teixeira Filho*[(10)] que,

(10) *Execução no Processo do Trabalho*, cit., p. 600.

"(...) referida exceção se destina, fundamentalmente, a impedir que a exigência de prévio garantimento patrimonial da execução possa representar, em situações especiais, obstáculo intransponível à 'justa defesa' do devedor, como quando pretenda alegar nulidade do título judicial; prescrição intercorrente, pagamento da dívida, ilegitimidade ativa e o mais.

É importante assinalar, portanto, que a 'exceção de pré-executividade' foi concebida pela doutrina para atender a situações verdadeiramente excepcionais, e não para deitar por terra, na generalidade dos casos, a provecta imposição legal da garantia patrimonial da execução, como pressuposto para o oferecimento de embargos pelo devedor. (...)".

Poderia ocorrer também que o devedor não tivesse patrimônio suficiente para *garantir a execução*, situação em que, sem tal condicionante, não poderia lançar mão dos *Embargos à Execução*, mesmo diante de um título que, claramente, não ostentasse os requisitos para tanto legalmente exigidos. Não poderia o demandado, nessa circunstância, ficar impotente e assistir passivamente a perduração de pendência judicial em seu desfavor.

De fato,

"(...) casos existirão em que os acontecimentos remetem a perplexidade ao processo, logo depois de uma sentença condenatória com trânsito em julgado, quando tem início a fase de acertamento, desaguando numa decisão homologatória. A partir dessa decisão, a única chave com possibilidade de abrir a porta para os embargos é a garantia do Juízo. Mas essa garantia poderá apresentar-se demasiadamente difícil ou até mesmo impossível, impondo ao julgador um tratamento desigual em distonia com o comando do art. 125, I, CPC.

Daí a necessidade de uma construção doutrinária e jurisprudencial, enquanto a lei não se preocupar, para possibilitar a defesa, em tais casos, sem a garantia do juízo. (...)"[(11)].

Verifica-se então que, em situações verdadeiramente *excepcionais*, que possam ser demonstradas de plano, sem dilação probatória, e que retratem manifesto defeito e inexigibilidade do título executivo, a

---

(11) OLIVEIRA, Francisco Antonio. *Manual de Penhora — Enfoques trabalhistas e jurisprudenciais*. São Paulo: Revista dos Tribunais, 2001, pp. 198/199.

exegese sistemática do ordenamento jurídico propicia e garante o *direito de defesa* do executado, sem que seja necessário o prévio constrangimento de seu patrimônio (às vezes até insuficiente) para *garantia do juízo*.

Como destacado anteriormente, a ocorrência da *prescrição da pretensão executória* tem o condão de tornar *inexigível* o respectivo título, fulminando um de seus requisitos essenciais.

A verificação processual a tal respeito não implica qualquer tipo de dilação probatória, ou qualquer outra movimentação que não a simples análise *retrospectiva* dos acontecimentos antecedentes dos autos, ou mesmo o mero confronto de datas.

Dessa sorte, diante de pretensão tendente a prosseguir em execução lastreada em título que sofreu os efeitos da *prescrição*, afigura-se legítima a possibilidade de assegurar o *direito de defesa* do devedor, sem a necessidade de que previamente constranja seu patrimônio para *garantia do juízo*, uma vez que a *inexigibilidade* do título seria flagrante.

São esclarecedores os ensinamentos de *Paulo Henrique dos Santos Lucon* (12):

> "(...) Em razão de objetivar um resultado prático e material, o processo executivo não comporta julgamento de mérito; como visto, isso não quer dizer, em absoluto, que não exista mérito na execução.
>
> Apesar desse posicionamento, gradativamente a jurisprudência vem admitindo alegação de matérias relacionadas ao mérito do processo de execução, *in executivis*; são casos excepcionais, mas que demonstram uma preocupação de nossos tribunais em simplificar o processo, sem prejudicar as formas tão necessárias à observância das garantias constitucionais do processo. No entanto, é preciso ainda, por meio de construções doutrinárias, justificar esse fenômeno.
>
> A jurisprudência vem, cada vez mais, admitindo a alegação de prescrição diretamente no processo de execução, independentemente da oposição de embargos. Com isso, autoriza-se o executado a alegar exceção material ou substancial diretamente no pro-

(12) LUCON, Paulo Henrique dos Santos. "O Controle dos Atos Executivos e Efetividade da Execução", *in Revista Jurídica*, ano XLVI, n. 253, Porto Alegre: Síntese, novembro de 1998, p. 17.

cesso executivo, *i.e.*, permite-se a defesa no plano do mérito sem embargos à execução. (...)"

Em tais circunstâncias, portanto, perfeitamente admissível a *"exceção de pré-executividade"*, inclusive no âmbito do processo trabalhista, inobstante uma ou outra restrição por vezes encontradiça no âmbito da doutrina[13] e jurisprudência.

(13) "(...) Se já encontramos dificuldades no acolhimento amplo e irrestrito da exceção de pré-executividade no processo civil, com muito mais razão entendemos que a excepcionalidade da sua admissão se acentua ainda mais quando nos encontramos no processo do trabalho. (...) Assim, ainda no processo do trabalho, o fundamento de validade do acolhimento da exceção de pré-executividade seria constitucional — princípio do contraditório existente na fase executiva — e não infraconstitucional. (...)". GONÇALVES CORREIA, Marcus Orione. "Aspectos da Exceção de Pré-Executividade no Processo Civil e da sua Admissibilidade no Processo do Trabalho", *in Revista de Direito do Trabalho*, ano 27, volume 102, abr.-jun./2001, São Paulo: Revista dos Tribunais, p. 83.

CONCLUSÃO

O ponto de partida do presente estudo foi, exatamente, a constatação da existência de súmulas de jurisprudência do Supremo Tribunal Federal e do Tribunal Superior do Trabalho, cada uma direcionando em sentido completamente oposto ao da outra, embora tratem ambas do mesmo assunto, qual seja, a aplicabilidade da *prescrição intercorrente* perante a Justiça do Trabalho.

É natural a perplexidade causada ao operador do direito frente a uma situação como essa, o que ainda mais avulta neste caso em particular quando se constata que a Súmula do TST foi editado alguns anos após a Súmula do STF, o que, aliás, não é mitigado pelo fato de, no interregno, ter havido alteração restritiva na competência recursal extraordinária do Supremo, já que por ocasião da edição da Súmula essa competência era ampla e abrangente.

O desconforto causado por essa situação é ainda maior quando se verifica que a aplicação indiscriminada do entendimento preconizado pelo TST, em seu sentido generalizante, entra em choque frontal com o dispositivo legal constante da CLT, no qual são arroladas as matérias passíveis de argüição na defesa do devedor, no processo de execução trabalhista.

É claro que essa falta de sintonia, essa aparente discrepância inconciliável, não se coaduna com os objetivos do ordenamento jurídico, que intenta ofertar soluções que sejam harmônicas entre si, sendo completamente indesejável a possibilidade de existência de soluções diversas para a mesma situação jurídica.

Por isso, somente a investigação detalhada das diversas circunstâncias específicas, passíveis de ocorrência durante o curso de um processo judicial trabalhista, poderia fornecer a diretriz para superação da aparente e indesejável contradição, no que pertine à aplicação da *prescrição intercorrente* no processo judicial trabalhista, e, em especial, na execução de seus julgados.

Foi o que se almejou com o presente estudo. E a forma adotada foi a análise das diferentes características de cada uma das fases processuais, no sentido de identificar as circunstâncias específicas que possibilitassem a compatibilização e harmonização das posições conflitantes, até em função do tom genérico, peremptório e contraditório entre si, da redação de cada uma daquelas súmulas de jurisprudência.

Além disso, essa investigação detalhada das peculiaridades de cada uma das fases processuais se fez ainda mais necessária diante da forma lacônica como está redigido o dispositivo legal que trata do assunto no corpo do estatuto consolidado.

Com efeito, conforme se constatou ao longo deste trabalho, para verificação da ocorrência da *prescrição extintiva*, em relação ao exercício da *pretensão condenatória*, mister a concomitância da inércia do titular do direito, durante o prazo previsto em lei, e o oportuno requerimento por parte do beneficiário na sua decretação.

A veiculação de *pretensão condenatória* através da propositura de ação judicial, tem o condão de interromper o curso do prazo prescricional, o qual volta a fluir durante seu trâmite, condicionado à ocorrência de *causas interruptivas* desse curso.

A fluência do prazo prescricional durante o curso do processo, verificável entre suas diversas causas interruptivas, caracteriza a *prescrição intercorrente*, a qual, evidentemente, para sua perfeita identificação, deve ser analisada em relação a cada uma das diversas fases da lide trabalhista.

Além disso, para sua decretação na específica seara do processo trabalhista, imprescindível que o titular do direito esteja em juízo com a assistência de profissional do direito; que não se trate de dissídio de alçada exclusiva das Varas do Trabalho e que a providência processual não possa ser suprida pelo *impulso oficial* (princípio inquisitivo) do Juiz.

Nas hipóteses em que estejam presentes todas essas condicionantes, sem as quais não é possível falar-se em ocorrência de *prescrição intercorrente* no processo judicial trabalhista, foi possível concluir:

a) durante a *fase de conhecimento (pretensão condenatória)* é inviável a decretação de *prescrição intercorrente*, uma vez que as eventuais situações de inércia por parte do titular do direito devem ser supridas pela decretação da ocorrência de *preclusão processual*; da *extinção do processo sem julgamento do mérito*, ou até mesmo pela incidência do *princípio inquisitivo* através da materialização do *impulso oficial* pelo Juiz;

b) esgotada a *pretensão condenatória* e iniciada a *pretensão executória*, através da formalização dos atos de acertamento do crédito (liquidação de sentença) configuram-se as maiores possibilidades de verificação da *prescrição intercorrente* no processo trabalhista, uma vez que, nesta fase, pode ocorrer a prática de atos processuais que não podem ser supridos pelo *impulso oficial*, como é o caso da apresentação de *Artigos de Liquidação* (quando existe a necessidade de se alegar e provar *fato novo*), sem quebra do princípio da imparcialidade. Nestas circunstâncias, não havendo a apresentação dos *artigos de liquidação* por parte do credor, poderá ocorrer a *prescrição intercorrente*, vez que o Juiz não poderá *suprir* tal falta;

c) terminada a *fase de acertamento do crédito* (liquidação de sentença), que compõe e integra a execução trabalhista, principia a *execução* propriamente dita, mediante a prática de atos de expropriação de bens do devedor para satisfação do credor. Nesta fase também é possível a ocorrência de prescrição intercorrente, desde que suas diretrizes sejam compatibilizadas com o regramento da *Lei de Execução Fiscal*, de aplicação subsidiária à execução trabalhista. Claro está que deve restar configurada a inércia do credor, pelo prazo legalmente previsto, e que não sejam localizados o devedor ou bens de sua propriedade.

Definidas as possibilidades de verificação da *prescrição intercorrente* relativamente a cada uma das *fases* do processo judicial, o respectivo requerimento de sua decretação pode ser veiculado através de simples petição, dos Embargos à Execução, ou mesmo através de Exceção de Pré-Executividade, que retrata modalidade defensiva do devedor, doutrinariamente engendrada, na qual não há necessidade de prévia garantia do juízo, diante da presença de um vício ou defeito do título executivo, verificável de pronto, sem necessidade de dilação probatória, que atinja a própria *exigibilidade* do mesmo.

Efetivamente, diante de tudo o que se verificou ao longo do estudo realizado, é juridicamente possível a ocorrência de *prescrição intercorrente* durante o curso do processo judicial trabalhista, motivo pelo qual se apresenta mais que oportuna uma revisão dos termos da Súmula n. 114 do TST, que não admite sua ocorrência.

BIBLIOGRAFIA CONSULTADA

AGUIAR BARRETO, Marco Aurélio. "Prescrição Intercorrente no Processo do Trabalho — Considerações sobre a Aplicabilidade — Enunciado n. 114/TST", *in Revista Síntese Trabalhista — Administrativa e Previdenciária — Doutrina*, ano XV, n. 174, Porto Alegre: Síntese, dezembro de 2003.

ALMEIDA, Amador Paes de. "A despersonalização da empresa e seus reflexos nas garantias dos direitos do trabalhador", *in A Transição do Direito do Trabalho no Brasil — Estudos em homenagem a Eduardo Gabriel Saad*, Coord. Amauri Mascaro Nascimento, São Paulo: LTr, 1999.

ALMEIDA, Ísis de. *Manual da Prescrição Trabalhista*. 3ª ed. São Paulo, LTr, 1999.

__________. *Manual de Direito Individual do Trabalho*. São Paulo: LTr, 1998.

__________. *Manual de Direito Processual do Trabalho — Introdução ao Processo Judiciário do Trabalho*. 1º vol., 9ª ed. São Paulo: LTr, 1998.

ARAÚJO, Francisco Rossal de. "A Natureza Jurídica das Relações de Trabalho (Novas Competências da Justiça do Trabalho — Emenda Constitucional n. 45/04)", *in Nova Competência da Justiça do Trabalho*, ANAMATRA, Coords. Grijalbo Fernandes Coutinho e Marcos Neves Fava, São Paulo: LTr, 2005.

ASSIS, Araken de. *Manual do Processo de Execução*. 8ª ed. São Paulo: Revista dos Tribunais, 2002.

BARROS, Alice Monteiro de. "Aspectos Jurisprudenciais da Prescrição Trabalhista", *in Curso de Direito do Trabalho — Estudos em Memória de Célio Goyatá*, Coord. Alice Monteiro de Barros, vol. 1, São Paulo: LTr, 1993.

BERNARDI LORA, Ilse Marcelina. *A Prescrição no Direito do Trabalho — Teoria Geral e Questões Polêmicas*. São Paulo: LTr, 2001.

BULOS, Uadi Lammêgo. *Constituição Federal Anotada*. São Paulo: Saraiva, 2002.

CAMPOS BATALHA, Wilson de Souza & RORIGUES NETTO, Silvia M. L. Batalha. *Prescrição e Decadência no Direito do Trabalho*. 2ª ed. São Paulo: LTr, 1998.

CARRION, Valentin. *Comentários à Consolidação das Leis do Trabalho — Legislação Complementar — Jurisprudência*. 28ª ed. São Paulo: Saraiva, 2003.

CATHARINO, José Martins. "A prescrição extintiva de direito do trabalhador urbano", *in Revista da Academia Nacional de Direito do Trabalho*, ano VII, n. 7, Remuneração e outros temas, São Paulo: LTr, 1999.

CHAVES, Luciano Athayde. "O processo de execução trabalhista e o desafio da efetividade processual", *in Revista de Direito do Trabalho*. Coord. Nelson Mannrich, ano 28, n. 106, abril-junho 2002, São Paulo: Revista dos Tribunais.

COUCE DE MENEZES, Cláudio Armando. *Teoria Geral do Processo e a Execução Trabalhista*. São Paulo: LTr, 2003.

DALAZEN, João Oreste. "Liquidação e Execução de Sentença — Controvérsias no Processo do Trabalho", *in Revista Trabalho & Doutrina*, vol. 16, março de 1998, Diretor Valentin Carrion, São Paulo: Saraiva.

DELGADO DE ÁVILA, Maria Cristina Alves. "Da Prescrição Intercorrente na Justiça do Trabalho", *in Revista LTr*, 67-01/71, vol. 67, n. 01, janeiro de 2003, São Paulo: LTr.

DELGADO, Mauricio Godinho. *Curso de Direito do Trabalho*. 4ª ed. São Paulo: LTr, 2005.

__________. *Princípios de Direito Individual e Coletivo do Trabalho*. São Paulo: LTr, 2001.

FARIAS DE MELLO, Marco Aurélio Mendes de. "Prescrição: Momento propício à articulação", *in Revista LTr*, vol. 49, n. 8, agosto de 1985, São Paulo: LTr.

FREDIANI, Yone. *Exceção de Pré-Executividade no Processo do Trabalho*. São Paulo: LTr, 2002.

GONÇALVES CORREIA, Marcus Orione. "Aspectos da Execução de Pré-executividade no Processo Civil e da sua Admissibilidade no Processo do Trabalho", *in Revista de Direito do Trabalho*, ano 27, volume 102, abr.-jun. 2001, São Paulo: Revista dos Tribunais.

GONÇALVES, Emílio. "Prescrição Intercorrente — Inaplicabilidade na Justiça do Trabalho — A Súmula 114 do Tribunal Superior do Trabalho", *in Revista Vox Juris Trabalhista*, ano X, vol. 109, janeiro de 1981, São Paulo: Sugestões Literárias.

JORGE NETO, Francisco Ferreira & PESSOA CAVALCANTE, Jouberto de Quadros. *A Decadência e a Prescrição no Direito do Trabalho*. Rio de Janeiro: Lúmen Júris, 2003.

KOCHER, Eva. *A Ação Civil Pública e a Substituição Processual na Justiça do Trabalho — "Verbandskagen" no Direito Brasileiro*. São Paulo: LTr, 1998.

LACERDA, Galeno de. "Execução de Título Extrajudicial e Segurança do Juízo", *in AJURIS — Revista da Associação dos Juízes do Rio Grande do Sul*, publicação do Tribunal de Justiça do Rio Grande do Sul, Porto Alegre, n. 23, ano VIII, 1981, novembro, pp. 11/13.

LEITE, Roberto Basiloni. *Manual de Direito Sumular do Trabalho*. São Paulo: LTr, 1999.

LORENZETTI, Ari Pedro. *A Prescrição no Direito do Trabalho*. São Paulo: LTr, 1999.

__________. "A Prescrição Trabalhista e o Novo Código Civil", *in O Trabalho em Revista*, Encarte de Doutrina "O TRABALHO", fascículo n. 87, maio de 2004.

LUCON, Paulo Henrique dos Santos. "O Controle dos Atos Executivos e Efetividade da Execução", *in Revista Jurídica*, ano XLVI, n. 253, Porto Alegre: Síntese, novembro de 1998, p. 17.

MAGANO, Octavio Bueno. "Prescrição", *in Revista de Direito do Trabalho*, ano 27, janeiro-março de 2001, n. 101, Coord. Nelson Mannrich, São Paulo: Revista dos Tribunais.

MALHADAS, Julio Assumpção. "Jurisdição Trabalhista: os créditos do empregado e a penhora dos bens do devedor", *in Os Novos Paradigmas do Direito do Trabalho — Homenagem a Valentin Carrion*, Coords. Rita Maria Silvestre e Amauri Mascaro Nascimento. São Paulo: Saraiva, 2001.

MALLET, Estêvão. "Novas e Velhas Questões em torno da Prescrição Trabalhista", *in Revista da Faculdade de Direito — Universidade de São Paulo*, vol. 96, 2001.

MARANGONI BASTON, Regina Helena. "Suspensão da Execução Fiscal". *Revista Jurídica da Universidade de Franca*, ano 2, n. 3, nov./1999, p. 203.

MARCATO, Antonio Carlos. "Ação Monitória e Antecipação de Tutela", *in Tendências do Direito Material e Processual do Trabalho*, Coord. Yone Frediani, Escola da Magistratura — Justiça do Trabalho da 2ª Região, São Paulo: LTr, 2000.

MARQUES, Fernando. "Prescrição Intercorrente e Execução Fiscal", *in Revista Ibero-Americana de Direito Público*, Coords.: Mauro Roberto Gomes de Mattos e Geraldo Magela Alves, vol. IV, Rio de Janeiro: América Jurídica, 2001.

MARTINS, Melchíades Rodrigues. "Prescrição Intercorrente — Sua aplicação no Processo do Trabalho", *in Suplemento Trabalhista*, ano 40, n. 049/04, São Paulo: LTr, 2004.

MARTINS, Sérgio Pinto. *Direito Processual do Trabalho.* 3ª ed. São Paulo: Atlas, 1995.

MATEUS DA SILVA, Homero Batista. *Estudo Crítico da Prescrição Trabalhista.* São Paulo: LTr, 2004.

MÉLEGA, Luiz. "Legislação Tributária — Execução Fiscal — Prescrição Intercorrente — Código Tributário Nacional e Lei das Execuções Fiscais — Decisão do Superior Tribunal de Justiça", *in Suplemento Tributário*, ano 34, n. 076/98, São Paulo: LTr, 1998.

MORAES, Alexandre de. *Direito Constitucional.* 12ª ed. São Paulo: Atlas, 2002.

NAHAS, Thereza Christina. *Legitimidade Ativa dos Sindicatos — Defesa dos Direitos e Interesses Individuais Homogêneos no Processo do Trabalho — Processo de Conhecimento.* São Paulo: Atlas, 2001.

NASCIMENTO, Amauri Mascaro. *Curso de Direito Processual do Trabalho.* 20ª ed. São Paulo, Saraiva, 2001.

__________. *Elementos de Direito Processual do Trabalho.* 3ª ed. São Paulo: LTr, 1977.

__________. "Os Direitos Sociais nas Constituições Brasileiras", *in Constitucionalismo Social — Estudos em Homenagem ao Ministro Marco Aurélio Mendes de Farias Mello,* Coords. Maria Aparecida Pellegrina e Jane Granzoto Torres da Silva, Escola da Magistratura do TRT — 2ª Região, São Paulo: LTr, 2003.

NERY JUNIOR, Nelson & ANDRADE NERY, Rosa Maria de. *Código de Processo Civil Comentado e Legislação Processual Civil Extravagante em Vigor.* 6ª ed. São Paulo: Revista dos Tribunais, 2002.

__________. *Novo Código Civil e Legislação Extravagante Anotados.* São Paulo, Revista dos Tribunais, 2002.

OLIVEIRA, Francisco Antonio de. *A Execução na Justiça do Trabalho* São Paulo: Revista dos Tribunais, 1988.

__________. *Comentários aos Enunciados do TST.* 5ª ed. São Paulo: Revista dos Tribunais, 2001.

__________. *Manual de Penhora — Enfoques Trabalhistas e Jurisprudenciais.* São Paulo: Revista dos Tribunais, 2001.

PACHECO, Iara Alves Cordeiro. "Prescrição Intercorrente x Prescrição da Execução", *in Revista LTr,* vol. 60, n. 10, outubro de 1996, São Paulo: LTr.

PIMENTA, José Roberto Freire. "Liquidação de Sentença no Processo do Trabalho", *in Compêndio de Direito Processual do Trabalho — Obra em Memória de Celso Agrícola Barbi,* Coord. Alice Monteiro de Barros, 2ª ed. São Paulo: LTr, 2001.

RÁO, Vicente. *O Direito e a Vida dos Direitos.* 5ª ed. anot. e atual. por Ovídio Rocha Barros Sandoval São Paulo: Revista dos Tribunais, 1999.

ROCHA, Ibraim. *Ação Civil Pública e o Processo do Trabalho.* 2ª ed. São Paulo: LTr, 2001.

ROCHA, Osíris. *Enciclopédia Saraiva do Direito.* Coord. Prof. R. Limongi França, São Paulo: Saraiva, 1981, vol. 60, verbete *Prescrição (Direito do Trabalho) — I.*

RODRIGUES PINTO, José Augusto. *Execução Trabalhista.* 9ª ed. São Paulo: LTr, 2002.

RODRIGUES, Américo Plá. *Princípios de Direito do Trabalho.* Tradução e Revisão Técnica de Wagner Giglio. 3ª ed. São Paulo: LTr, 2000.

ROMITA, Arion Sayão. *Os Direitos Sociais na Constituição e outros Estudos.* São Paulo: LTr, 1991.

ROSAS, Roberto. *Direito Sumular.* 12ª ed. São Paulo: Malheiros, 2004.

SAAD, Eduardo Gabriel. *CLT Comentada.* 35ª ed. São Paulo: LTr, 2002.

__________. "Da Prescrição Intercorrente e o TST", *in Suplemento Trabalhista,* ano 32, n. 038/96, São Paulo: LTr, 1996.

SENA, Adriana Goulart de. *A Nova Caracterização da Sucessão Trabalhista.* São Paulo: LTr, 2000.

SILVA, Alexandre Couto. *Aplicação da Desconsideração da Personalidade Jurídica no Direito Brasileiro.* São Paulo: LTr, 1998.

SILVA, Antonio Álvares da. *Prescrição Trabalhista na Nova Constituição — Estudo Sistematizado do art. 7º, XXIX.* 1ª ed. Rio de Janeiro: AIDE, 1990.

SIMON, Sandra Lia. "O Ministério Público do Trabalho e a Ação Civil Pública", *in Tendências de Direito Material e Processual do Trabalho.* Coord. Yone Frediani, Escola da Magistratura — Justiça do Trabalho da 2ª Região, São Paulo: LTr, 2000.

TAVARES, André Ramos. *Curso de Direito Constitucional.* São Paulo: Saraiva, 2002.

TEIXEIRA FILHO, Manoel Antonio. *Execução no Processo do Trabalho.* 7ª ed. São Paulo: LTr , 2001.

__________. *Liquidação da Sentença no Processo do Trabalho.* 5ª ed. São Paulo: LTr, 1996.

TEIXEIRA MANUS, Pedro Paulo. *Execução de Sentença no Processo do Trabalho.* São Paulo: Atlas, 2005.

THEODORO JUNIOR, Humberto. *Curso de Direito Processual Civil.* vol. 1, 37ª ed. Rio de Janeiro: Forense, 2001.

__________. *Lei de Execução Fiscal — Comentário e Jurisprudência.* São Paulo: Saraiva, 2000.

__________. *Processo de Execução.* 20ª ed. São Paulo: Livraria e Editora Universitária de Direito, 2000.

TOSTES MALTA, Christovão Piragibe. *Execução no Processo Trabalhista.* 2ª ed. São Paulo: LTr, 1997.

__________. *Prática do Processo Trabalhista.* 32ª ed. São Paulo: LTr, 2005.